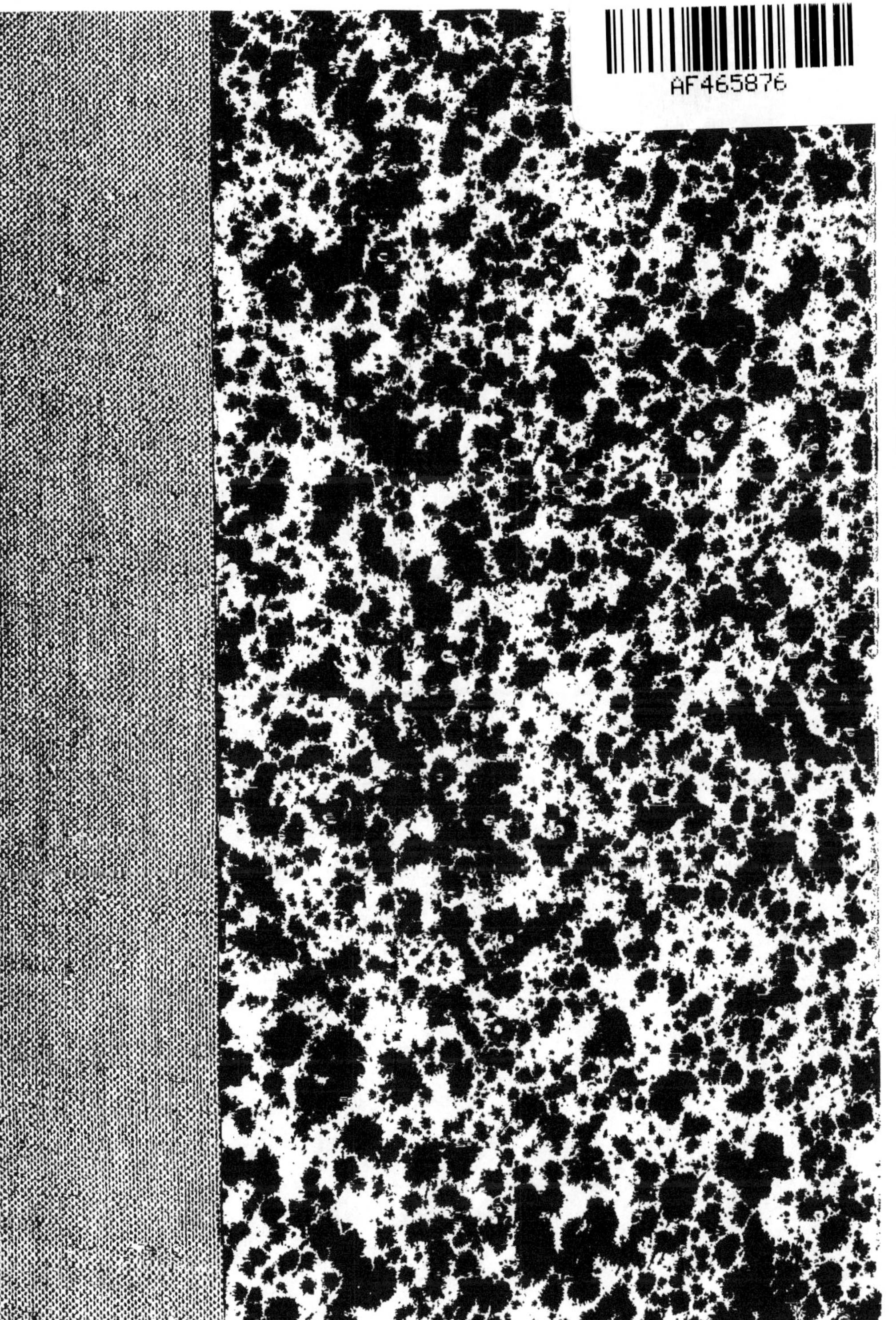

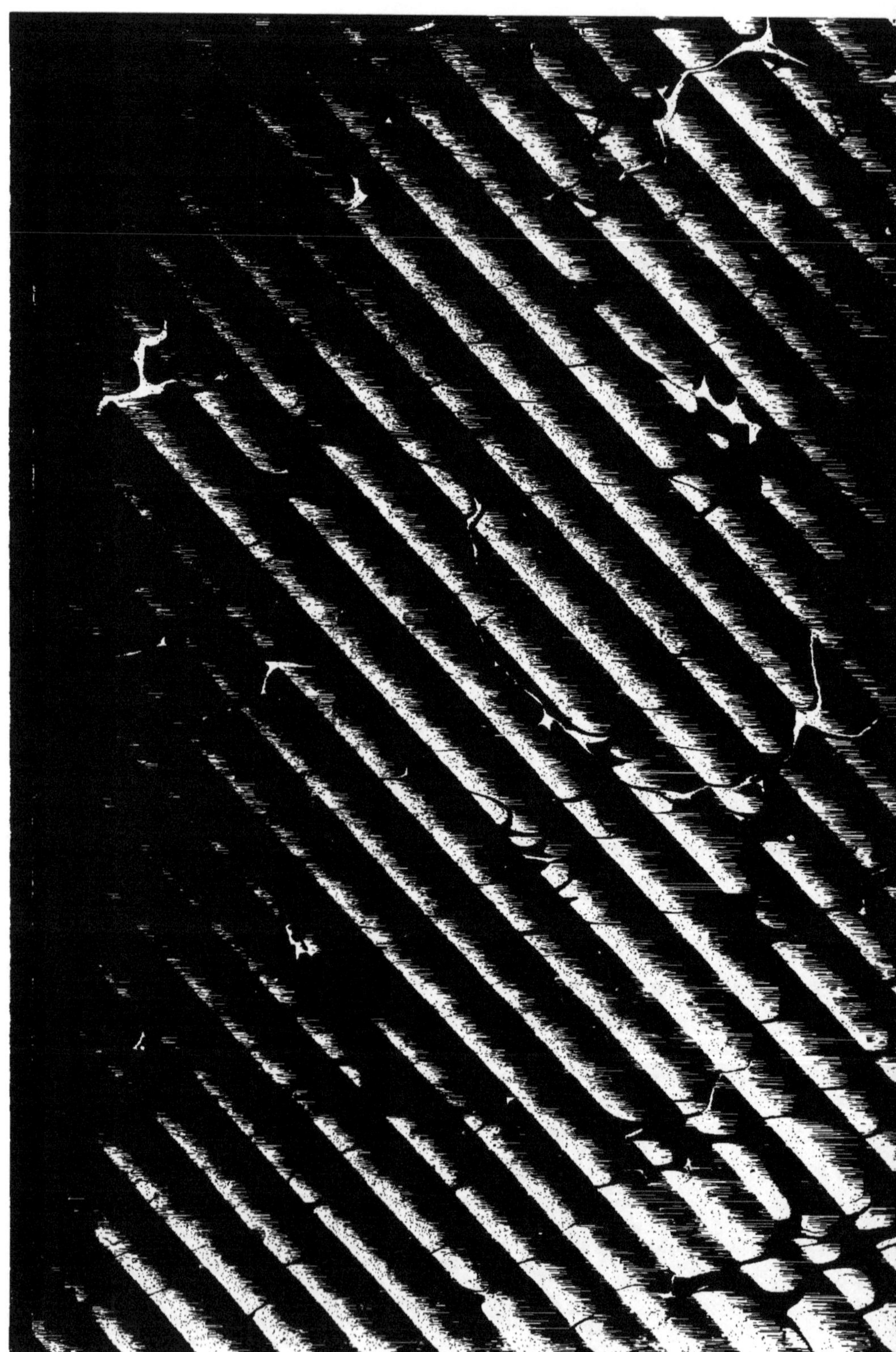

PAUL MANSUY

LÉOPOLD II ET LE CONGO

NOS FILS AU CONTINENT NOIR

**

NEUCHATEL — IMPRIMERIE PAUL ATTINGER

LÉOPOLD II
ET LE CONGO

NOS FILS AU CONTINENT NOIR

PAR

J. BOILLOT-ROBERT

CONSUL
DE S. M. LE ROI DES BELGES

NEUCHATEL
ATTINGER FRÈRES, ÉDITEURS
Avenue du 1er Mars.

PARIS
Bureau de Vente des Publications Coloniales Officielles
20, Galerie d'Orléans.

ANVERS
Jean Pauwels, Directeur de la Tribune Congolaise
1, rue des Peintres.

Je dédie cet ouvrage à mes enfants

CHARLES ET JEANNE,

à Kobé (Japon).

ALBERT ET MAY,

à Tientsin (Chine).

Après le Japon, dont la marche dans la voie de la Civilisation fut prodigieuse, la muraille de la Chine s'effrite, et, peu à peu, par des brèches de plus en plus nombreuses, les immenses territoires du Céleste-Empire seront également atteints.

L'État Indépendant du Congo, sous la bienfaisante égide du Roi-Souverain, subira la loi commune, et l'Humanité verra se réaliser cet engagement de haute valeur morale pris solennellement en 1855, au Sénat belge, par le Roi Léopold II, alors duc de Brabant : « Je percerai les ténèbres de la barbarie. J'assurerai le bienfait d'un Gouvernement civilisateur à l'Afrique centrale. Et, ce travail de géant, je le tenterai seul, s'il le faut ! »

J. BOILLOT-ROBERT

CONSUL DE S. M. LE ROI DES BELGES

TABLE DES MATIÈRES

Léopold II et le Congo.

Nos fils au Continent Noir.

M. LE BARON VAN EETVELDE
Ministre d'État et Secrétaire d'État.

LÉOPOLD II ET LE CONGO

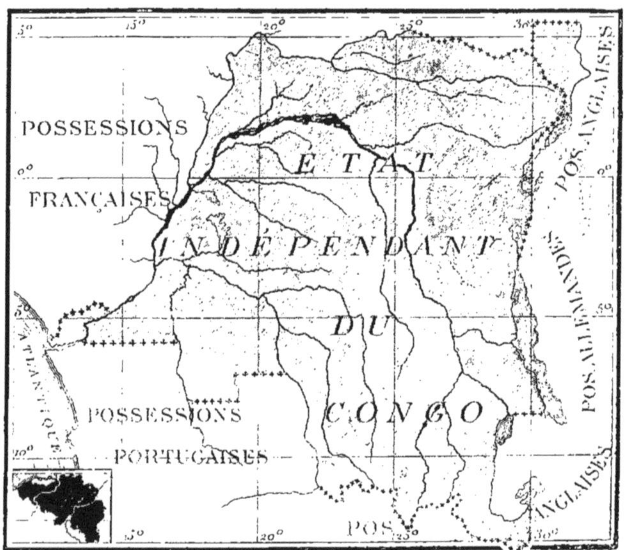

GRANDEUR COMPARATIVE DU CONGO ET DE LA BELGIQUE

L'ALBERTVILLE EN RADE DE BOMA

CHAPITRE PREMIER

L'État Indépendant du Congo sur la sellette des accusés.

Belges et Anglais.

Les Anglais sont à peine au début de l'organisation de leurs nouvelles colonies du Sud-Africain, le sol du Transvaal et de l'Orange est encore imprégné du sang de milliers de braves gens qui ne demandaient qu'à continuer leur vie pastorale, les échos renvoient encore les cris de détresse et d'angoisse des mères, des épouses et des enfants de ceux qui tombèrent sous le coup des balles explosibles, les barrières élevées autour des camps de concentration sont à peine abaissées pour livrer passage à leurs prisonniers, que déjà les Anglais, poursuivant le but qu'ils se sont proposé, c'est-à-dire la constitution d'un empire africain dont l'importance ne le céderait en rien à l'empire des Indes, ont jeté leur dévolu sur la partie la plus riche et la mieux administrée du centre africain, l'État Indépendant du Congo.

Et, de fait, il existe depuis quelque temps une *question du Congo*, et une campagne vigoureusement menée, tous les moyens de dénigrement et de diffamation étant jugés utiles, met en mouvement les parlements européens, dans l'espoir que l'opinion publique ratifiera la spoliation dont les Anglais seront les principaux artisans et les premiers bénéficiaires.

Cette question du Congo provoque en Angleterre une agitation habilement entretenue par quelques hommes d'État représentant l'administration belge comme indigne de poursuivre l'œuvre de civilisation et de pénétration inspirée et dirigée par le Roi-Souverain de cet État.

En mai dernier, une interpellation eut lieu à la Chambre des Communes, signalant les actes de cruauté dont se seraient rendus coupables les officiers belges à l'égard de certaines tribus réfractaires au travail, peu pénible d'ailleurs et rétribué, qui leur est imposé comme tribut, comme impôt.

Un autre grief représente les Belges comme ayant accaparé tout le commerce général d'importation et d'exportation de ces contrées qui recèlent d'immenses richesses en caoutchouc et en ivoire, de monopoliser l'exploitation d'un domaine qui, en vertu de l'Acte de Berlin de 1885, devait être ouvert à toutes les initiatives sans distinction de nationalités.

Cela suffit pour provoquer une explosion d'indignation de la part des Anglais, protecteurs-nés des opprimés, gardiens naturels de la Justice et de l'Humanité envers les populations africaines... noires et blanches !

Le gouvernement anglais saisit la balle au bond, et accepta une résolution unanime votée le 20 mai, le chargeant de conférer avec les autres puissances co-signataires de l'Acte de

UNE RUE DU VILLAGE INDIGÈNE A BOMA

Berlin, afin que des mesures soient prises pour faire cesser les abus qui règnent au Congo belge.

Les Anglais interprètent à leur façon, c'est-à-dire selon les besoins de la cause intéressée qu'ils défendent, les dispositions de l'Acte susmentionné.

A leur point de vue, l'État Indépendant du Congo serait une création des puissances congressistes, État attribué non pas à un pays, mais à une personnalité, le roi des Belges.

L'État Indépendant n'ayant pas, à leur avis, rempli les obligations et les engagements qui lui avaient été imposés, les puissances pourraient révoquer le consentement accordé en 1885 et régleraient comme elles l'entendraient le sort du dit État.

C'est à ce but que tend le gouvernement anglais, et il se propose d'adresser[1] très prochainement une note aux puissances intéressées pour demander la réunion d'une Conférence, laquelle proclamerait la déchéance du nouvel État. C'est bien simple, n'est-ce pas? Car la déchéance proclamée, il serait procédé à une dissection du cadavre et à une répartition entre les puissances coloniales limitrophes, l'Angleterre, l'Allemagne et la France.

C'est si vrai, et les Anglais se croient si sûrs d'aboutir, qu'il a été publié récemment à Londres une carte du Congo, après le partage, attribuant à l'Angleterre ou plutôt l'Angleterre s'attribuant les morceaux les plus succulents et les plus gargantuesques, et abandonnant charitablement à ses deux puissants voisins les morceaux de second choix en même temps que les plus minuscules.

C'est aller un peu vite en besogne, car, en droit et en fait, il est facile d'établir que le Congrès de Berlin n'a pas créé l'État Indépendant du Congo.

Il a été reconnu comme État par les puissances réunies à Berlin en 1885, ainsi que nous l'établirons dans la suite de ce travail, en parcourant les étapes qui ont abouti à cette œuvre gigantesque, en les fixant par des dates indiscutables au point de vue historique.

[1] Cette note a été adressée aux puissances et n'a obtenu aucun succès. Le gouvernement anglais propose actuellement un arbitrage soumis à la Cour de la Haye.

La perspective, envisagée par les Anglais, de la proclamation de la déchéance de l'État par les puissances réunies à nouveau, laisse le roi Léopold II et les Belges assez calmes, quoique d'imposantes manifestations protestataires se soient produites dans tout le royaume.

Quelle procédure suivrait-on ? Cette question a été traitée récemment par M. Ernest Nys, professeur de droit à l'Uni-

INSTALLATION DE LA FORCE PUBLIQUE A BOMA

versité de Bruxelles, et, en juriste consommé, il arrive à cette conclusion :

« Toutes les ignominieuses attaques seraient fondées ; mille actions criminelles seraient prouvées jusqu'à l'évidence même, que l'article 12 de l'Acte général imposerait la médiation et permettrait le recours à l'arbitrage. Que s'imaginent donc ces prétendus justiciers ? Croient-ils qu'il suffit de quelque décret qu'ils formulent dans un article de revue ou dans un discours parlementaire pour détruire la puissance supérieure qui constitue l'État souverain ?

« Enfin, qu'il s'agisse de conférence ou de congrès, les décisions doivent se prendre non à la pluralité, mais à l'unanimité des voix ; en d'autres mots, l'accord parfait est indispensable.

« La doctrine est formelle et elle ne fait, du reste, que résumer les enseignements de la pratique. »

Telles sont les réflexions que suggère au juriste l'annonce des mesures que le gouvernement anglais s'apprête à prendre ; la convocation même de la Conférence ne se justifie pas, et l'on ne voit pas comment on pourrait légitimer les propositions qui lui seraient soumises et les décisions qu'elle adopterait.

Mais la question de droit est secondaire pour les Anglais, et les principes de justice doivent céder le pas aux considérations dictées par un intérêt mercantile à peine dissimulé.

Toutefois, il est certain que le gouvernement anglais éprouve un embarras réel au sujet de la forme en laquelle serait rédigée la note accusatrice à adresser aux puissances !

On serait embarrassé à moins, car comment concilier l'intérêt bienveillant que manifestent si subitement les Anglais en faveur des tribus congolaises, avec les procédés odieux qui, au cours de l'écrasement des républiques du Transvaal et de l'Orange, ont soulevé l'indignation du monde et provoqué des manifestations émues de tous les peuples ?

Certes, le Congo organisé et administré comme il l'est, devenu rentable, fait des envieux, et il serait en tous points digne d'assouvir l'appétit insatiable des Anglais ; mais, la richesse même de l'État Indépendant est peut-être sa meilleure sauvegarde, à mesure que des compétitions surgiraient sûrement entre les puissances limitrophes, car il est douteux qu'après l'affront infligé à la France à Fachoda, affront qui n'est pas oublié, en dépit des visites officielles que se sont faites les chefs des deux États dans le courant de l'année 1903 et qu'après la main-mise sur l'Égypte, où l'influence française, si longtemps prépondérante, a été violemment supplantée par un véritable protectorat anglais, il est douteux que la France se prête au jeu dangereux qui consisterait à multiplier les points de contact entre les colonies africaines des deux pays, alors que l'État Indépendant est bien, dans le cas particulier, l'État tampon, comme l'est la Suisse dans l'Europe centrale.

CUISSON DE L'HUILE DE PALME DANS UNE FACTORERIE A BOMA

Parlerons-nous également du récent arrangement franco-anglais, intervenu en juin 1903, pour la neutralisation de la vallée du Ménam, au Siam ? A ce propos encore, les Anglais et les Français ont eu l'occasion de rivaliser de souplesse et d'habileté, mais les premiers, avec leur tenacité secondée par une diplomatie tortueuse, ont pris la haute main à Bangkok.

Cette avance de l'éternelle et inévitable rivale, correspondant avec l'abandon que vient de faire la France des territoires de

Chantaboum, a irrité la presse française, laquelle a exprimé son mécontentement en termes très vifs.

Rappellerons-nous, enfin, le vieux conflit, encore loin d'être réglé, des pêcheries de Terre-Neuve? conflit dont la liquidation met, une fois de plus, en relief l'esprit vindicatif dont sont animés les Anglais à l'égard de tout ce qui est intérêts français.

Il existe suffisamment d'éléments de discorde entre les deux pays pour que l'Angleterre ne trouve pas une France disposée à prêter la main à un acte aussi réprouvable que le serait la dépossession de l'État Indépendant du Congo de ses riches territoires.

Et, n'étaient toutes ces causes de dissentiments, une raison plus péremptoire assure à l'État Indépendant, de la part de la France, une attitude plutôt décourageante pour l'Angleterre: c'est le droit de préemption qui lui a été accordé par les conventions internationales, droit auquel elle ne permettra pas qu'on porte atteinte.

Quant à l'Allemagne, dont les possessions africaines sont également en pleine voie de prospérité, l'opinion générale de ses hommes d'État paraît plutôt favorable au maintien du *statu quo*. D'ailleurs, les relations de l'État Indépendant avec les autorités allemandes dans le centre africain sont de celles que l'on ne rompt pas pour faciliter l'absorption de tout un continent par les Anglais, dont la convoitise paraît décidément exagérée. Il semble, en effet, résulter des Conférences qu'a eues le Roi-Souverain, au mois d'Octobre 1903, à Paris avec le Président de la République et avec le Roi d'Italie durant sa récente visite dans la capitale française, que ces deux puissances ne donneront pas dans le piège que leur tend le cabinet de St-James.

Quant à l'Autriche, elle déclare se désintéresser de tout ce qui est colonisation.

Les cabinets des puissances signataires de l'Acte de Berlin ont été habilement pressentis, quant à leurs dispositions respectives au sujet du conflit que cherche à provoquer l'Angleterre, et Londres n'est pas très rassuré sur l'accueil que trouvera la note accusatrice dont nous parlons plus haut.

Il n'en existe pas moins un branle-bas général, car il faut bien, n'est-ce pas ? que le pot de fer étale sa force de résistance

GARE DE MATADI

contre le pot de terre ; il faut bien que le monde entier assiste à ce spectacle édifiant d'un colosse foulant aux pieds le petit Belge, pour lui spolier le fruit d'un labeur d'un quart de siècle au cours duquel la Belgique a donné une preuve éclatante de sa vitalité et de sa puissance colonisatrice.

Est-il admissible que ce petit royaume se soit créé un empire colonial dont la surface égale tout à la fois celle de l'Espagne, de la France, de l'Allemagne, de la Suisse et d'une partie de l'Autriche ? Est-il tolérable que le roi Léopold II, souverain d'un pays de 7 millions d'habitants, puisse régner sur 30 millions de sujets africains?

Est-il équitable que la Belgique, qui a cependant eu la charge de toute l'organisation de l'État Indépendant, soit seule, ou peu s'en faut, à alimenter le commerce général du Continent noir? Enfin, peut-on constater calmement que, l'année dernière, les Belges ont atteint le chiffre fabuleux d'environ 60 millions de francs avec le commerce congolais, alors que les Anglais n'y figurent que pour 3 millions de francs?

L'hégémonie commerciale n'appartient-elle pas de droit divin à l'Angleterre? Aussi, comment pourrait-elle pardonner aux Belges d'avoir déplacé le marché du caoutchouc et de l'ivoire de Liverpool à Anvers?

Un organe belge constate qu'il est particulièrement plaisant d'entendre l'Angleterre protester au nom des principes de la liberté commerciale, au moment même où l'un de ses hommes d'État, M. Chamberlain, lance bruyamment l'Évangile d'un régime douanier qui fermerait la porte du Royaume-Uni et de toutes ses colonies au commerce étranger.

«Mais on ne se pique pas d'une seule espèce de logique à Londres, dit le *Petit Bleu* de Bruxelles ; la logique des intérêts britanniques permet à la Grande-Bretagne de réclamer le libre-échange absolu au Congo belge et de préparer le protectionnisme le plus complet dans son propre empire.»

Nous devons toutefois noter que si les Anglais bafouent les Belges, ils se risquent à faire de grands yeux à la France ; il n'y a pas encore la menace ; le geste manque, mais l'Association des Chambres de commerce s'est occupée en mars dernier, à Londres, des réclamations des industriels de Liverpool et de Birmingham relatives aux mesures à prendre pour la protection du commerce britannique dans le Congo français, et, en général, dans le bassin du Congo.

C'est encore et toujours cette manie d'immixtion de l'Anglais en tout et partout.

Mais c'est une raison de plus pour que la France ne prête pas son concours à des manœuvres dictées par l'animosité des Anglais à l'égard des Belges, animosité injustifiée, car seuls les capitaux belges se sont risqués dans la grandiose entreprise menée à bien par le roi Léopold II.

La porte était largement ouverte aux capitaux anglais, comme elle l'a été à la finance française, qui, elle du moins, a su en profiter dans une large mesure.

Un certain nombre de membres du Parlement anglais ont signé, le 13 juillet 1903, un appel protestant contre l'exclusivisme dont leurs compatriotes seraient les victimes dans cette partie de l'Afrique. Justice, bonne foi, cruautés, mauvaise administration, monopole commercial, sentiments humanitaires, etc., sont tout autant de termes dont usent et abusent les dix-sept parlementaires qui ont concouru à l'élaboration de ce docu-

LA STATION DE TUMBA

ment qui ne réussira pas à attirer l'attention des esprits prévenus.

Il nous est d'ailleurs facile d'opposer aux Anglais les armes qu'ils mettent eux-mêmes à notre disposition, et nous en ferons usage discret mais suffisant.

Dans l'un des derniers numéros de la *Dépêche coloniale* paraissant à Paris, M. Jules Arnaudet, traitant la question congolaise, constate la fausseté des accusations ou tout au moins l'exagération évidente des faits incriminés.

« Il se peut, dit-il, que des cruautés, des crimes, se soient commis au Congo. Ce n'est pas malheureusement une nouveauté dans l'histoire coloniale. Il faut même avouer, à la honte de la civilisation, que, dans les premiers contacts entre sauvages et civilisés, ce sont généralement les civilisés qui se sont conduits en sauvages. C'est pourquoi cette attitude de justicier et redresseur de torts conviendrait mal aux signataires de la Conférence de Berlin, à l'Angleterre moins qu'à d'autres, ce me semble. »

Cette campagne congophobe remonte à plusieurs mois ; et il y a quelques années même que les Anglais accusaient l'État Indépendant d'avilir les populations africaines par l'alcool ; on leur prouva par des chiffres officiels, que nul ne saurait contester, que l'importation de l'alcool au Congo, rigoureusement réglementée, a fléchi, en peu d'années, de 1,236,625 litres à 194,865 litres en 1901. Cette diminution s'accusera encore, la consommation étant interdite sur les dix-neuf vingtièmes du territoire.

Si les Anglais voulaient bien procéder à des révélations de statistique semblables, nous constaterions, sans nul doute, que loin de diminuer, la consommation du *wisky* ou du *gin* dans leurs colonies, y fait des progrès effrayants.

Acculés sur ce point spécial de l'avilissement des noirs par l'alcool belge, les Anglais ne désarmèrent pas. Il leur fallait une tête de Turc ; l'Allemagne et la France, ayant des colonies limitrophes, auraient pu probablement donner lieu à des critiques identiques quant à leur organisation et leur administra-

GROUPE DE COCOTIERS

tion, mais ce sont de puissants personnages avec lesquels il faut compter, et on s'incline bien bas.

Et, fort à propos, survinrent deux incidents que les Anglais congophobes accueillirent avec d'autant plus d'empressement que leurs prospecteurs ne trouvaient plus aucun filon pour alimenter la presse à court de copie.

A Bruxelles, comme quelques semaines avant à Marseille, à Paris, à Hambourg, à Berlin, à Amsterdam ou à Zurich, le peuple belge avait acclamé les malheureux mais glorieux délégués des républiques boères. A Bruxelles, comme dans toutes les capitales du monde civilisé, les gouvernants ne dissimulaient pas leur sympathie pour les blancs nouvellement asservis au gouvernement anglais, et refoulaient péniblement les sentiments d'horreur qu'inspirait à l'humanité entière l'anéantissement froidement calculé de deux peuples jusque là indépendants et libres.

Ces clameurs retentirent en Angleterre comme une provocation unanime des nations, alors qu'elles étaient l'expression d'un sentiment de profonde pitié pour les victimes de la politique d'expansion coloniale du cabinet de St-James ; c'était un rappel à la dignité humaine.

L'état d'âme du peuple anglais devait évidemment se ressentir de la simultanéité de ces manifestations spontanées, mais défavorables; ce peuple hautain avec les petits et violent avec les faibles, dressa ses batteries contre l'État Indépendant du Congo.

Un officier anglais, au service du roi Léopold II au Congo, s'offrit pour jouer le rôle de compère, mais de compère malfaisant.

Le capitaine Burrows, c'est de lui qu'il s'agit, reçut, à son arrivée au Congo, le commandement d'un important district.

Il y séjourna six années consécutives, c'est-à-dire pendant deux termes de trois ans, selon la durée des contrats passés entre l'État et tous ses agents.

Il y a quelques mois, cet officier se vit, pour des raisons sérieuses, refuser une prolongation de l'engagement et fut congédié par l'État.

M. Burrows séjourna à Bruxelles plusieurs semaines, insista auprès des hauts fonctionnaires pour que le gouvernement revînt sur sa décision, mais ce fut peine perdue.

Le capitaine Burrows retourna à Londres, et adressa à la presse anglaise une série d'articles des plus violents contre l'État Indépendant, en annonçant la publication d'un ouvrage révélant toutes les atrocités dont il aurait été témoin ou acteur par ordre supérieur.

Jusque là, rien d'extraordinaire de la part d'un agent congédié; comme un vulgaire condamné a quarante-huit heures pour maudire ses juges, on peut bien s'accorder cette jouissance durant quelques semaines quand on se nomme « Capitaine Burrows ».

Il recourut donc au système des petits paquets; c'est par tranches minuscules mais savoureuses qu'il entretint l'opinion publique anglaise de ce qu'il appelait : *The Curse of Central Africa,* c'est-à-dire « la Malédiction de l'Afrique centrale ». Les récits les plus

ÉCOLE DE LA MISSION AMÉRICAINE A LÉOPOLDVILLE

stupéfiants étaient accueillis comme Écriture sainte. Un jour, il rapportait que les officiers belges faisaient couper et fumer sur brasier les mains des indigènes refusant le travail imposé pour la récolte du caoutchouc ; hommes, femmes et enfants subissaient ces mutilations.

Ailleurs, un officier belge, encore et toujours des Belges, quoique le cadre de la force publique compte bon nombre d'officiers suisses, italiens, suédois et norvégiens, — ailleurs, disons-nous, un Belge lance sa troupe dans un village, dont la population est également réfractaire au travail, et procède à un massacre et à la destruction des huttes ; à en croire M. Burrows, quatre-vingts femmes avaient subi l'ablation des seins et avaient été laissées vivantes.

Les nourrissons eux-mêmes auraient été embrochés.

Les articles se succédèrent, traitant de l'oppression et de l'esclavage infligés aux indigènes, accusant le gouvernement de complicité, attendu que les officiers ou agents coupables n'étaient l'objet d'aucune poursuite ; impunité pour les criminels, ou leur évasion facilitée !

Un vaillant organe belge, la *Tribune Congolaise*, publié à Anvers sous la direction de M. Jean Pauwels, journal très documenté et très indépendant, accueillant les critiques aussi bien que les éloges de ses correspondants congolais, agents de l'État, constate qu'il y a eu, dès le début, des excès au Congo comme il y en a eu partout; mais, faire admettre que de telles monstruosités ont été réellement commises, et par ordre, c'est, de la part du capitaine Burrows, abuser de la naïveté de ses lecteurs anglais.

Son but était partiellement atteint: soulever l'opinion publique contre l'État Indépendant, contre l'œuvre entière de Léopold II ! Mais, pour ce personnage, il s'agissait avant tout de mettre à profit l'impression que produiraient ses accusations sur le gouvernement de l'État. Il réunit ses articles en un volumineux dossier, dont il proposa l'acquisition, moyennant la forte somme, au gouvernement de Bruxelles, l'assurant qu'il cesserait toute polémique hostile, si la proposition était agréée. Le capitaine Burrows s'était donc livré à un chantage indigne d'un officier ayant, pendant six ans, servi au Congo sans qu'il eût eu à signaler aucun acte inhumain, ni aucune infraction aux lois et règlements imposés aux fonctionnaires pour l'exécution de leur mandat.

Burrows fut reçu comme un imposteur, et les portes du ministère claquèrent sur ses talons ; pour la seconde fois, il était renvoyé avec les égards dus à un maître chanteur. Mais son dossier ne devait pas tarder à retrouver le chemin de l'imprimerie, et il y a quelques semaines que parut l'acte d'accusation dont il avait été fait si peu de cas à Bruxelles, mais dont la presse anglaise se montra singulièrement avide. Amplifié comme il l'est, ce réquisitoire serait de nature à porter un coup décisif en vue de la suppression de l'État Indépendant si nous ne possédions pas, pour lutter contre la campagne anticongolaise, les documents que nous ont fournis les Anglais eux-mêmes.

Le pamphlétaire Guy Burrows sera exécuté par le capitaine Guy Burrows, ce qui n'est pas banal.

Jugeons un peu cet ancien officier, qui rêvait de passer ses plus belles années dans un pays qu'il dépeint comme une contrée maudite.

Parlant d'un officier anglais qu'il avait sous ses ordres, le pseudo-lieutenant Salusbury, qui, paraît-il, avait fui en présence de l'ennemi, Burrows s'exprimait comme suit dans *l'Étoile Belge* du 26 septembre 1897 :

« Je ne veux pas que l'on puisse croire que l'armée britannique compte dans ses rangs des officiers aussi peu recommandables que ce triste personnage, *dont les affirmations, c'est un devoir pour moi de le proclamer, ne méritent pas la moindre créance.* J'ait fait partie au Congo de la même expédition que lui; je connais, par conséquent, la région qu'il a traversée et je puis certifier que les faits dont il prétend avoir été témoin n'existent *que dans son imagination.*

« Quand on a de pareilles notes de service, on se tait au lieu de se faire accusateur. Je ne prétends pas que tout soit parfait au Congo; certes, il se commet parfois des abus, mais je dois à la vérité de déclarer que le Gouvernement ne demande qu'à les redresser et à punir ceux qui s'en rendent coupables.

« Les officiers ne brutalisent pas leurs hommes à plaisir; aussi, les soldats sont-ils très attachés à la plupart de leurs chefs blancs, et ceux-ci peuvent-ils sérieusement compter sur leur courage et leur dévouement en cas de guerre.

« La récolte en caoutchouc n'a commencé dans l'Uellé qu'en 1897; Salusbury est rentré en Europe en 1895; il ne peut donc pas dire qu'elle ne se fait qu'au prix des pires atrocités; il n'en sait rien. Mais moi qui ai vu comment on s'y est pris pour déterminer les noirs à récolter la précieuse sève, je dois reconnaître que l'on n'a pas eu grand'peine à persuader aux chefs indigènes de prescrire à leurs sujets de se consacrer à cette besogne, qui est d'ailleurs rémunérée. »

Parlant des relations amicales de l'État Indépendant du Congo avec les puissants Sultans des districts du Nord, ses sujets, le capitaine Burrows constate que ces populeuses et intelligentes tribus progressent à pas de géants. « La paix, dans cette immense province, n'a pas été un seul instant troublée sérieusement depuis plusieurs années. Croyez-vous qu'il en serait ainsi, dans le cas où les blancs se rendraient coupables des prétendues atrocités dénoncées par Salusbury ?

« Les histoires de mains coupées constituent une pure légende. Je n'ai jamais vu mutiler un indigène vivant. »

Tel est le jugement du capitaine Burrows confondant le pamphlétaire Burrows. Et, remarquons que depuis 1897, date à laquelle se placent ces appréciations élogieuses, les relations des agents de l'État avec les populations noires se sont amélio-

HOPITAL MILITAIRE A BOMA

rées d'année en année; mais combien suggestif est le jugement que porte M. Burrows sur son collègue et compatriote Salusbury!

Salusbury fut le précurseur du capitaine Burrows dans la voie de la diffamation : l'élève fut digne du maître, si l'on juge par l'agitation causée en Angleterre, après la publication des horreurs niées par l'ex-officier en 1897, et affirmées en 1903. Pour les besoins de sa cause, ce qu'il appelle lui-même la légende des mains coupées serait donc devenue un fait historique irréfutable!

La violence de l'attaque, le caractère diffamatoire de ses

allégués lui valurent l'admiration de tous ceux qui, en Angleterre, sont hostiles à l'État Indépendant du Congo, et ceux-là sont légion, mais pas assez influents, toutefois, pour étouffer complètement un cri de protestation de la part de ceux qui ont, en toute loyauté et sans idée préconçue, jugé l'œuvre du roi et apprécié les résultats acquis. Non seulement les tribunaux de Londres ont interdit la vente du pamphlet de Burrows, mais des voix puissantes s'élevèrent pour proclamer les progrès indéniables réalisés dans la jeune colonie.

Puisque nous faisons ici œuvre de réhabilitation, nous opposons à l'attaque anglaise la défense anglaise en citant, en première ligne, les appréciations de sir Harry Johnston, commissaire du gouvernement anglais dans l'Uganda.

Ce haut fonctionnaire, ayant visité une partie du Haut Congo, où se seraient précisément commises les atrocités dont s'est fait l'écho le capitaine Burrows, s'exprime comme suit dans l'ouvrage publié au cours de sa mission officielle.

« Je ne suis pas plus disposé à défendre l'État du Congo des critiques anglaises ou autres, que je ne suis disposé à affirmer que l'exploration et l'administration britanniques en Afrique n'ont jamais été accompagnées d'incidents regrettables. Je ne puis que déclarer, en toute loyauté, que la petite partie de l'État Indépendant du Congo que j'ai vue, depuis que ces contrées sont administrées par des agents belges, possède d'excellentes constructions, des routes bien faites, et que cette partie de l'État est habitée par d'heureux noirs qui, souvent et sans que je les y aie amenés, ont comparé devant moi l'heureux présent avec la misère et la terreur de l'époque où les Arabes et les Manyema s'étaient établis chefs et marchands d'esclaves dans la contrée.

« Des quantités de noirs avaient été horriblement mutilés,

HABITATION EN BRIQUES

des mains et des pieds tranchés, des seins de femmes coupés. Tous ces hommes parlaient le swahili ; ils m'expliquèrent que ces mutilations, auxquelles ils avaient survécu, ce qui n'est possible qu'à des nègres, avaient été commises par le marchand d'esclaves Manyema et sa bande; parfois cruauté gratuite, parfois punition de vol ou de désertion.

« Ne se peut-il pas que beaucoup des hommes mutilés dans le Nord et l'Est de l'État du Congo, dont on parle tant, soient aussi des survivants de la domination arabe ?... Je puis affirmer hautement que, de la frontière anglaise jusqu'à la limite de mes voyages dans le Mbuba, dans l'État du Congo, sur tout le cours de la Semliki, les indigènes paraissaient heureux et prospères. Les villages et plantations installés dans le voisinage du fort Mbeni montraient que les natifs ne craignaient pas les Belges. Les nains affirmaient également la bonté des blancs du pays. »

Il ressort de ce précieux témoignage d'un commissaire anglais que les atrocités signalées ne peuvent être imputées aux Belges, puisqu'elles sont le fait des esclavagistes arabes.

M. Johnston ne s'est pas contenté de ces déclarations[1] ; il a publié, il y a quelques mois, dans le *Geographical Journal*, une confirmation de son premier jugement. « Je trouvai partout, dit-il, les natifs en relations amicales avec les autorités belges. Les excellentes routes et les stations bien construites, de même que le confort envoyé par les marchands d'Anvers

[1] M. Johnston a confirmé derechef, par une série d'articles publiés en Angleterre, en Octobre 1903, son excellente impression de l'administration belge. réfutant les allégations peu véridiques des congophobes.

ont introduit dans ces régions sauvages un étrange afflux de civilisation. »

Dans une lettre adressée au *Times* en novembre 1901, organe cependant peu enclin à parler favorablement de l'État du Congo, M. D. Mohun, ancien consul des États-Unis, constate que l'administration est excellente, le pays parfaitement tranquille, des Falls au Tanganika, contrées dont les populations étaient les plus turbulentes ; les tribus indigènes paraissent satisfaites et heureuses et sont payées par le gouvernement pour chaque travail qu'elles font.

Et, si l'on veut un témoignage tout à fait récent, citons le *Morning Post* du 20 janvier 1903, dans lequel M. G. Grey, ingénieur anglais en mission au Katanga, province belge, déclare qu'il fut pour lui évident, quand il arriva dans ces contrées, que les natifs n'avaient jamais subi de mauvais traitements de la part des blancs.

Un autre ingénieur anglais, précédemment au Transvaal, M. Kemper-Voss, se rendit au Congo pour des recherches de terrains miniers ; à son retour en Europe, il organisa des conférences et s'exprima comme suit : « Quand je quittai le Transvaal, les Belges y étaient accusés de mille cruautés. Et je m'attendais à les trouver, dans leurs stations, occupés à découper toute la journée des bras, des têtes et des jambes de nègres, sans jamais les remettre ensemble. Or, j'ai voyagé avec des officiers et des agents belges pendant un an et demi, et j'eus la surprise de ne rien constater de ce que j'avais pu craindre.

« Bien plus, dans notre groupe, il m'arriva de devoir moi-même faire la loi, au lieu d'y trouver trop de sévérité. »

Il serait superflu de poursuivre ces citations : mais nous avons tenu à faire entendre des voix anglaises et américaines, comme vibrantes réfutations des accusations savamment distillées par le capitaine Burrows, congédié de la façon que nous avons indiquée.

Il est plus opportun que jamais d'opposer ces témoignages non suspects aux calomnies dont se fait l'écho complaisant une partie de la presse d'Europe : il n'est pas jusqu'aux journaux de la Suisse allemande qui aient accueilli, de très bonne foi, et reproduit ces accusations avec force commentaires, comme s'il s'était agi de crimes et d'atrocités récentes commis par des Belges, alors que de loyaux Anglais eux-mêmes les imputent aux chefs arabes, avant l'occupation de ce pays par les fonctionnaires de Léopold II.

Est-ce à dire qu'au Congo belge tout soit au-dessus de la critique ? Certes non : en dépit des instructions données aux agents royaux en vue d'une intervention bienveillante à l'égard des noirs, quelques-uns d'entre eux peuvent abuser de leur pouvoir ; ils peuvent se livrer à des actes répréhensibles ; mais un châtiment rigoureux les attend ainsi que nous le démontrerons plus loin.

Que l'on nous cite des colonies où les difficultés du début n'ont pas parfois provoqué des répressions cruelles, où des actes de simple police de sûreté n'ont pas dégénéré en massacres ! Les agents de l'État Indépendant du Congo auraient-ils le triste monopole du crime ? Miss Kingsley n'a-t-elle pas divulgué toutes les horreurs dont ses compatriotes anglais se sont rendus coupables, au cours de leur prise de possession successive des colonies africaines ? Sir William Harwey Brown, un Anglais encore, avoue

CONSTRUCTION EN FER A BOMA

non seulement l'emploi de moyens féroces dans la Rhodésia, mais il les proclame d'une nécessité inéluctable pour la fondation d'un empire colonial. Mme Olive Schreiner n'a-t-elle pas stigmatisé les moyens employés par ses compatriotes allemands dans l'Afrique occidentale ?

A l'heure où nous écrivons ces lignes, un membre de l'une des familles princières d'Allemagne ne subit-il pas une détention prolongée pour s'être livré aux pires atrocités au Congo allemand ? Rien ne justifie les accusations proférées par la presse européenne contre l'administration du Congo belge, car nous nous rappelons encore les scandaleuses révélations qui ont mis à nu, il y a quelques mois, les procédés tolérés dans l'armée anglaise et la flagellation imposée à certains officiers ; la marine anglaise elle-même fait usage quotidien du « Cat nine tails[1] ». La Russie n'a pas renoncé, que nous sachions, au châtiment douloureux du knout.

Mais, objectera-t-on, si l'on est observateur impartial, ce ne sont là que jeux d'enfants si on les compare à ce qui se passe sur les rives du Nil, à Fachoda, c'est-à-dire à la limite de ce Congo belge si violemment critiqué.

En effet, très à propos, et comme pour condamner d'un seul coup la campagne du capitaine Burrows et de ses acolytes, paraît dans le numéro de l'*Illustration* du 1er Août 1903, une reproduction photographique d'une réelle portée suggestive. Elle représente des noirs enchaînés, chargés de superbes dents d'éléphants, et accompagnés de soldats.

Cette photographie, prise à Fachoda même ces derniers temps par M. Luzarche d'Azay, prouve jusqu'à l'évidence l'emploi de la force anglaise pour se procurer de l'ivoire ; cet

[1] Chat à neuf queues. — Fouet de lanières.

explorateur amateur, puisqu'il va simplement, dit-il, se promener au Nil comme d'autres se rendent aux plages à la mode, ne croit rien des explications qui lui ont été données par les officiers anglais au sujet de la provenance de cette précieuse marchandise, dont la valeur aurait été payée en bon et bel argent aux trafiquants. Il garde, au contraire, selon l'*Illustration*, de bonnes raisons de croire que cet ivoire, apporté par des noirs enchaînés, était la « rançon du sang » imposée à la peuplade des Chillouks pour racheter le meurtre d'un officier anglais.

Il serait cruel d'insister sur la situation vraiment embarrassante de ces officiers pris, par un Français, en flagrant délit de spoliation de marchandise et de tyrannie. Et, nous appuyons sur ce point, il ne s'agit pas, dans le cas particulier, d'une imputation réfutable ; c'est un fait acquis. Cette scène, qui a toute la fidélité d'un instantané, aura-t-elle été reproduite par les périodiques illustrés d'outre Manche ? C'est au moins douteux, car elle aurait obtenu un succès tout spécial, provoquant la stupéfaction et apportant la confusion dans les rangs de ceux qui s'acharnent à attribuer au gouvernement de Bruxelles des excès que tolère ou ordonne le cabinet de Londres.

Nous avons dit que la répression des abus ou de tout autre délit dont se rendent coupables les agents belges est rigoureux.

Il y a actuellement, dans les prisons de Boma, et nos compatriotes qui résident dans la capitale du Congo peuvent l'affirmer, un certain nombre d'Européens, agents de factoreries ou de l'État, subissant la peine des travaux forcés à terme ou à vie, condamnés pour violences envers les noirs; ceux-là ne peuvent rien espérer de la clémence royale.

De hauts fonctionnaires de l'État ont été condamnés pour de simples coups. Il y a peu de mois, un magistrat, officier du ministère public, fut révoqué et mis en jugement pour avoir mis à exécution une sentence infligée à un indigène avant que le délai d'appel soit passé.

Sans doute, ces condamnations sont fort regrettables, puisqu'elles impliquent, de la part de certains blancs, un manquement aux instructions reçues par eux, une violation des lois humanitaires qui sont à la base de toute entreprise civilisatrice.

Aussi, l'État voue-t-il un soin de plus en plus méticuleux dans le choix de ses agents ; mais, malgré tout ce qui sera fait dans ce domaine, malgré le triage le plus sévère, il se pourra que quelques éléments peu recommandables passent à travers les mailles du filet. C'est le cas ici de détruire, une fois pour toutes, l'opinion qui se révèle un peu partout, en Suisse particulièrement, d'après laquelle le personnel de l'État Indépendant du Congo constituerait une sorte de légion étrangère accueillant tous ceux qui rêvent aventures ou qui ont sur la conscience une peccadille quelconque. Nous sommes bien placé pour proclamer que l'immense majorité des fonctionnaires royaux est, avant tout, animée du désir de s'associer à la grande œuvre léopoldienne, et par un besoin d'activité qui ne trouve pas d'emploi en Europe, les carrières les plus diverses étant encombrées, par la curiosité d'un monde nouveau et la volonté énergique de se créer une position, d'acquérir une fortune, fût-elle durement gagnée.

Quoique nous ayons suffisamment parlé des accusations du capitaine Burrows, nous avons cependant à citer encore le second incident qui a mis en émoi les parlementaires anglais et, cette fois, l'accusateur n'est pas un officier congédié ; c'est un missionnaire, M. Morrisson, lequel, jaloux des lauriers acquis par M. Burrows, s'offrit également pour accabler l'État Indépendant.

Le Révérend Morrisson, appartenant à la Mission presbytérienne, est rentré en Europe au printemps dernier, après avoir séjourné six ans en plein Congo, sur les rives du Kassaï. Il se fit immédiatement interwiever, et reproduisit les racontars les plus étranges, les plus invraisemblables.

Le Rév. Morrisson aurait, selon la *Tribune Congolaise*, dressé une longue liste de faits précis, d'abus criants et contraires aux

LE STEAMER « BARON BHANIS » FAISANT DU BOIS

traités de Berlin et de Bruxelles. Tous ces cas seraient récents ; au correspondant de l'agence Reuter, il aurait affirmé que, dans le district où il a séjourné, la situation des indigènes s'aggrave de plus en plus, en raison de la création de nouvelles exploitations de caoutchouc et de l'imposition du travail forcé.

Ce missionnaire dit avoir rencontré tout un convoi d'esclaves enchaînés que l'on conduisait, malgré eux, à la récolte du caoutchouc. Selon lui, il n'y aurait plus qu'une douzaine de villages indigènes sur le Kassaï, sur une étendue de huit cent milles, la population noire, terrorisée par les blancs, s'étant enfuie et réfugiée dans les forêts. Au cours d'une conférence donnée à Londres, le Rév. Morrisson a conclu comme suit : « Je ne connais, pour ma part, gouvernement au monde plus mauvais que l'État du Congo, même la Turquie ? »

Ces déclarations devaient provoquer une émotion intense en Angleterre ; aussi, une réponse officielle de l'État incriminé ne se fit-elle pas attendre, car, nous l'avons dit, M. Morrisson, à son retour en Europe, avait passé à Bruxelles un certain temps avant de se rendre à Londres, et s'était bien gardé de révéler au gouvernement central, dont les portes lui étaient grandes ouvertes, les abus et les excès qu'il devait stigmatiser devant des auditoires anglais quelques semaines plus tard.

Un des principaux fonctionnaires de l'État du Congo, M. Baert, lui répondit en substance : « Je suis chargé de vous rappeler que, lors de votre récent séjour à Bruxelles, pendant vos visites au secrétaire de S. M. le Roi, et aux bureaux de l'État Indépendant, vous n'avez pas dit un mot de ces prétendus excès. Votre correspondance atteste que le but de votre séjour à Bruxelles était de consulter l'administration du Congo touchant des questions intéressant votre mission.

« Ni dans cette correspondance, ni dans vos entrevues à Bruxelles, vous n'avez fait la moindre allusion aux excès que vous reprochez aujourd'hui à nos fonctionnaires.

« L'État prend note du silence que vous avez observé à Bruxelles sur ces prétendus excès. Vos allégations eussent été plus utiles, si elles avaient été faites directement à l'administration de l'État, dont le devoir et le désir sont d'assurer la répression de pareils abus, s'ils existent réellement. »

Un Anglais, sir Gilzean Ried, a publié, dans la presse londonienne, une lettre confirmant le point de vue de l'État, en mettant toute la correspondance de M. Morrisson à la disposition de M. Herbert Samuel, lequel interpella, le 20 mai 1903, le gouvernement anglais à ce sujet et réclama son intervention immédiate.

Ce n'était déjà pas mal, comme réfutation, que d'établir l'inaction et le silence du Révérend Morrisson durant les audiences qui lui avaient été accordées à Bruxelles. Mais il y eut mieux : M. Ried réduisit à néant les accusations de M. Morrisson en divulguant la véritable raison du séjour de celui-ci dans la capitale belge, c'est-à-dire une demande de concession *gratuite* de terrains à Dumba-Kahisi pour y établir une station de missionnaires américains et des privilèges de nature telle, que l'État ne pouvait y consentir sans faillir à son devoir.

Ne pouvant accorder la concession *gratuite*, l'État offrit un bail à terme, mais renouvelable à expiration. Cela ne suffisait pas à ce missionnaire, car nous l'avons vu catéchisant des milliers de bonnes âmes anglaises, mues par un sentiment de pitié envers les victimes de la civilisation belge, après avoir secoué de ses pieds la poussière des Flandres et du Brabant.

M. Morrisson fut encore confondu par d'autres témoignages. Le Révérend Père Cambier, supérieur de la mission du Kassaï, région où se seraient commis les crimes en question, a séjourné neuf ans dans cette partie du Congo, avant, pendant et après que M. Morrisson y fût. Il déclare que celui-ci commettait des erreurs, ou agissait par mauvaise foi : « Missionnaire catholique, j'ai tout autant que le missionnnaire protestant l'obligation de révéler les atrocités... *s'il y en a.* »

Nous terminerons ces citations en reproduisant l'opinion d'un publiciste anglais, M. W. Stead, lequel, analysant dans une revue un ouvrage qui vient d'être publié en Angleterre sur l'Hindoustan, ne ménage pas la vérité à ses compatriotes. « Au lieu d'être fiers de notre empire des Indes, nous devrions nous couvrir la tête de cendre. Au lieu de régénérer l'Hindoustan, nous sommes en train de l'anéantir. » M. Stead reproche à l'Angleterre, avec l'auteur du livre qu'il analyse, de véritables meurtres sociaux du caractère le plus monstrueux ! La politique coloniale humanitaire de l'Angleterre est ainsi jugée par les Anglais eux-mêmes.

Comme tous les juges de bonne foi, nos lecteurs pourront, par la suite, se former une opinion sur l'œuvre gigantesque dont Léopold II est l'illustre créateur et qui compte, parmi ses braves, dévoués et fidèles collaborateurs, un certain nombre de nos compatriotes suisses dont le concours est de plus en plus apprécié, car eux aussi ont à honneur de faire triompher là-bas au continent noir *mais beau,* comme nous l'écrit M. le commandant Federspiel, la cause de l'humanité et de la civilisation dont ils se sont faits les champions.

A quoi aboutira la campagne des congophobes anglais ? A un échec inévitable, car l'Angleterre ne trouvera pas de complices pour lui faciliter l'accaparement d'un empire africain qui, par sa situation et sa puissance, la rendrait de plus en plus redoutable à la France et à l'Allemagne.

Mais cette campagne haineuse aura eu, du moins, un heureux résultat : elle assure au roi Léopold II la gratitude du peuple belge pour le riche empire colonial que Sa Majesté lui réserve, comme elle lui assurera, dans l'avenir, l'admiration de toutes les nations civilisées pour le nouveau champ d'activité qui lui est ouvert.

Le pot de terre aura résisté au pot de fer par l'excellence de sa cause et sortira victorieux de la lutte, grâce à l'intervention des puissances qui rappelleront à l'ordre l'Angleterre, en lui montrant du doigt les plaies béantes dont souffrent encore les esclaves blancs du Transvaal et de l'Orange, peuples asservis, non pas pour servir la cause de l'humanité, mais pour assouvir la cupidité de ceux qui, à tout prix, voulaient posséder les mines diamantifères du Sud-africain.

Ceci devait être dit pour introduire notre sujet, et pour remettre au point les accusations des adversaires du Roi-Souverain et de son œuvre. Si nous nous sommes parfois abandonné à quelque vivacité de plume à l'endroit des Anglais, il n'est pas moins vrai que nous saurons nous placer à un point de vue exclusivement objectif pour exposer la formation de l'État Indépendant du Congo. son organisation et son prodigieux développement.

CHEF INDIGÈNE

CHAPITRE DEUXIÈME

Au Continent Noir.

Les explorations. — La prise de possession.

Il y a quelques années à peine, alors que les premiers de nos jeunes compatriotes se rendirent au continent noir, il semblait à chacun que cette expatriation volontaire comportait inévitablement un voyage sans aucun espoir de retour; en d'autres termes, une espèce de sacrifice de la vie, inconnu chez nous, un acte irréfléchi.

Les récits de cannibalisme rapportés par les explorateurs n'étaient pas de nature à tranquilliser et à rassurer les familles dont les fils manifestaient le désir de visiter les pays découverts et explorés par Livingstone et Stanley.

Certes, les partants ne pouvaient s'attendre à trouver sur les rives du fleuve Congo, de l'Uellé ou de l'Aruwimi, les aises et le confort de la vie sédentaire qu'ils avaient menée sur les bords de l'Escaut, de la Meuse, ou sur les rives des lacs suisses.

Cependant, l'organisation méthodique des divers services qui régissent actuellement les vastes contrées formant l'État Indépendant a singulièrement transformé les mœurs de ces populations sauvages. Le contact de plus en plus fréquent avec l'élément blanc a opéré une transformation, qui, pour être lente, n'en est pas moins très appréciable.

Ce n'est pas seulement par l'application de règlements plus ou moins rigoureux, ou par l'édiction de mesures de répression que les noirs ont, dans une large mesure, renoncé à des coutumes atroces ; il a fallu toute l'énergie des premiers occupants, l'abnégation absolue des pionniers de la civilisation européenne, pour leur inculquer quelques notions de notre morale chrétienne.

Nous verrons ce qu'était le Congo il y a trente ans à peine, et ce qu'il est aujourd'hui, grâce à l'initiative toute-puissante du Roi.

Depuis que l'intérêt se porte avec suite au centre africain, il est une question que se posent invariablement ceux qui ne sont pas initiés à la formation de cet empire colonial, dont l'étendue égale une grande partie de l'Europe, et dont la population est évaluée approximativement à trente millions d'âmes.

Comment cet immense pays est-il devenu une colonie belge, et pourquoi le Roi Léopold II en est-il le Souverain? Posée dans ces termes, la question n'est pas correcte, car s'il est vrai que la Roi des Belges est le Souverain du nouvel État, celui-ci n'appartient pas à la Belgique ou du moins pas encore.

Or, ceci nous amène logiquement à traiter la partie historique de ce travail, en nous inspirant fréquemment des indications du regretté de la Kéthulle de Rihove, lequel fut, dès la première heure, l'un des plus dévoués collaborateurs du Roi.

Depuis la découverte de l'embouchure du Congo par les Portugais en 1484, le pays congolais fut, en quelque sorte, soumis à la suzeraineté du Portugal, et, pour marquer manifestement une prise de possession effective, le gouvernement de Lisbonne fit ériger une basilique, à Ambada, en 1534, qui s'appela « San Salvador », lorsque le roi du Congo embrassa la religion catholique. Puis, en 1784, un fort fut construit à Kabinda, à 50 kilomètres de l'embouchure du fleuve; mais cette construction ayant éveillé les susceptibilités du gouvernement français, fut rasée.

Ce n'est qu'à partir de 1816, à la suite d'une expédition organisée par l'Angleterre, que l'on obtient quelques données, relativement sûres, quant au cours du grand fleuve africain, jusqu'à 300 kilomètres environ de son embouchure. Cette expédition révélait, entre autres, l'existence d'un grand nombre de trafiquants se livrant à la traite; ce commerce d'esclaves était pour eux une source de revenus considérables. On estimait à plusieurs milliers le nombre des malheureux embarqués annuellement sur les rives du Congo, à destination des marchés esclavagistes.

Justement émues, les puissances s'entendirent pour abolir la traite; seul, le Portugal refusa d'adhérer à la convention, et, durant de longues années encore, les trafiquants de la chair humaine purent impunément se livrer à leur odieux commerce.

De nouvelles explorations devaient peu à peu déchirer le voile et divulguer le mystère de ces contrées immenses. Au cours de son très long séjour au centre africain, Livingstone qui, en 1867, se trouvait sur les rives du lac Tanganika, découvrait au sud de ce dernier une grande rivière nommée Tschambezi, courant vers l'Ouest, et crut avoir rencontré la source extrême du Nil.

Il explora ce cours d'eau jusqu'au lac Bangwela, constata que ce même cours sortait de ce lac sous le nom de Luapula, se dirige vers le nord, se jette dans le lac Moëro, qu'il quitte sous le nom de Lualaba. Enfin, l'illustre explorateur retrouvait pour la dernière fois cette rivière à Nyangwe, c'est-à-dire à 2100 kilomètres de sa source; en ce point, elle atteint une énorme expansion.

BARAMBU. VUE SUR LE CONGO ET LES ILES

« En octobre 1876[1], l'expédition chargée par le *Daily Telegraph* de Londres et le *New-York Herald* d'aller, sous la direction de Stanley, compléter les explorations de Livingstone, atteignit, elle aussi, la ville arabe de Nyangwe. C'est de ce point que Stanley tenta la fameuse descente du fleuve jusqu'à l'Océan. Après deux cent quatre-vingt-un jours de voyage, l'expédition arriva en vue de l'Atlantique, ayant parcouru le fleuve sur une

[1] De la Kéthulle de Rihove.

étendue d'environ 2650 kilomètres, et effectué un voyage de 225 kilomètres par terre.»

Tschambezi, Bangwelo, Luapula, Moëro, Lualaba ne constituaient donc qu'un seul et même fleuve, c'est-à-dire le cours supérieur du Congo que Stanley, après Livingstone, venait de reconnaître, soit quatre siècles après la découverte de son embouchure par les Portugais.

Ce fleuve incomparable, dont le parcours total atteint environ 5000 kilomètres, était tout indiqué comme voie de pénétration naturelle vers le cœur même du continent noir, et devenait un puissant facteur pour la civilisation de cet immense pays.

Le Roi Léopold II pressentait, depuis longtemps, tout le parti qui pouvait être tiré d'une pénétration complète du centre de l'Afrique, et prévoyait déjà l'œuvre humanitaire qui, aujourd'hui, en plein épanouissement, place ce Souverain au nombre des bienfaiteurs les plus glorieux de l'humanité, par son initiative, sa persévérance et les sacrifices consentis pour le service d'une entreprise dont les difficultés auraient certainement abattu les caractères les mieux trempés.

Devançant Livingstone, Léopold, alors duc de Brabant, s'inspirant déjà des exigences du monde industriel et commercial, prononçait en Décembre 1855, au Sénat belge, un discours dont le passage suivant est à noter: «Je percerai les ténèbres de la barbarie. J'assurerai le bienfait d'un gouvernement civilisateur à l'Afrique centrale. Et ce travail de géant, je le tenterai seul, s'il le faut.»

En 1861, Son Altesse Royale publiait un ouvrage dont le titre, *Le complément de l'Œuvre de 1830,* constitue, à lui seul, tout un programme d'expansion coloniale. Son but était parfaitement déterminé; il fallait trouver les moyens d'en assurer l'exécution aussi prompte et aussi complète que possible; il fallait nantir l'opinion publique, afin d'obtenir le concours tout au moins moral des puissances colonisatrices.

Avec une sûreté de doigté qui dénotait une parfaite connaissance de la marche à suivre pour obtenir l'assentiment des plus hautes personnalités politiques et savantes, Léopold, devenu Roi des Belges, convoqua en une Conférence Géographique, au Palais de Bruxelles, les explorateurs les plus illustres de toutes

GROUPE DE MUSICIENS BAKUA-MPU

les nations; des hommes d'État éminents, de nombreux savants, en un mot, les éléments les plus dignes d'être consultés, en même temps qu'ils donnaient un prestige réel à cette manifestation internationale.

Le projet de Léopold II se résume fidèlement dans les passages du discours inaugural qu'il prononça, le 12 septembre 1876, au début des travaux de la dite Conférence: «Ouvrir à la civilisation la seule partie de notre globe où elle n'ait point encore pénétré, percer les ténèbres qui enveloppent des populations entières, c'est, j'ose le dire, une croisade digne de ce siècle.

« J'ai donc pensé qu'il pourrait vous convenir de discuter et de préciser en commun, avec l'autorité qui vous appartient, les voies à suivre, les moyens à employer pour planter définitivement l'étendard de la civilisation sur le sol de l'Afrique centrale. »

A cette Conférence, l'Allemagne était représentée par le docteur Schweinfurth, l'Angleterre par le lieutenant-colonel Grant et le commandant Verney-Lowett Cameron, la France par le Vice-Amiral baron de la Roncière-le-Noury, la Belgique par le baron Lambermont.

Des comités nationaux, nommés pour assurer les apports financiers, étaient dirigés par un Conseil international exécutif présidé par le Roi Léopold II, assisté de trois membres Anglais, Allemand et Français.

Quelques semaines après la Conférence Géographique, et au début de la première séance du Comité National belge présidé par S. A. R. Mgr. le Comte de Flandre, frère du Roi Léopold II, développant à nouveau son programme, s'exprimait en ces termes: « L'esclavage qui se maintient encore sur une notable partie du continent africain, constitue une plaie que tous les amis de l'humanité doivent désirer voir disparaître.

« Les horreurs de cet état de choses, les millions de vies humaines que la traite des noirs fait massacrer chaque année, le nombre plus grand encore des êtres parfaitement innocents qui, brutalement réduits en captivité, sont condamnés en masse à des travaux forcés à perpétuité, ont vivement ému tous ceux qui ont quelque peu approfondi l'étude de cette déplorable situation, et ils ont conçu le projet de fonder une Association Internationale, pour mettre un terme à un trafic odieux qui fait rougir notre époque et pour déchirer le voile qui pèse encore sur l'Afrique centrale. »

Inspirée par le Roi, l'Association Internationale s'imposa comme objectif primaire la création de stations hospitalières, scientifiques et civilisatrices, rayonnant depuis les côtes jusqu'au cœur même du continent noir.

Un certain nombre d'expéditions belges furent organisées à cet effet, et jetèrent les bases du futur État, tant par la création d'un réseau de stations continu, que par l'ouverture de diverses voies de pénétration, telles que la route Bagamoyo-Karemo-lac Tanganika.

A la même époque, vers la fin de 1877, Stanley, ayant opéré sa fameuse descente du grand fleuve Congo, avait révélé au monde la plus importante voie de communication ouest-est vers le centre africain.

Léopold II, frappé des résultats obtenus par Stanley, s'assura son concours, et constitua sans délai le Comité d'Études du Haut Congo, digne émule de l'Association Internationale précitée, poursuivant le même but que celle-ci: mission humanitaire et scientifique, complétée par une étude approfondie du pays au point de vue commercial, le commerce étant le meilleur moyen de faciliter les rapports avec les indigènes.

« Stanley reçut donc pour mission l'étude de la navigabilité du fleuve, lier pacifiquement des relations commerciales et politiques avec les tribus noires, l'obtention de concessions de territoires, la fondation de nombreux postes, la conclusion de traités, enfin l'étude des ressources utilisables du pays, et, comme conséquence logique, la possibilité de la construction d'une voie ferrée dans le Bas Congo.

« Dès ce moment, la pensée royale s'affirmait nettement, et le rêve longtemps caressé par Sa Majesté allait recevoir sa réalisation : Créer des débouchés pour notre activité industrielle, civiliser par le commerce et le travail, fonder, sans effusion de sang, une belle et riche colonie pour en doter ensuite la Belgique.[1] »

Stanley, secondé et accompagné par les agents du Comité d'Études, repartit pour l'Afrique en 1879, remonta le fleuve Congo jusqu'aux Falls, et fonda une trentaine de stations ou postes qui furent reliés entre eux et à la côte par des communications régulières.

Cette exploration, sous l'impulsion incessante du Roi, et avec l'ardeur que déployèrent Stanley et ses pionniers, eut son accomplissement presque complet dans une période de quelques années.

Le but du Comité d'Études était atteint, mais il résolut, afin d'assurer l'avenir de son œuvre, « de soumettre les territoires qu'il avait ouverts et explorés, à une administration forte et indépendante émanant d'un pouvoir dûment établi, c'est-à-dire reconnu par les principales puissances du monde. »

En vue du rôle politique qu'il allait être appelé à remplir, le Comité d'Études changea de nom et se transforma en Association Industrielle du Congo.

Sous ce titre, la Société imprima à ses travaux une impulsion nouvelle; vers la fin de 1883, elle possédait plus de dix mille traités, par lesquels les chefs indigènes lui cédaient volontairement leurs droits souverains sur les territoires qu'ils occupaient.

Pendant que l'Association Industrielle raffermissait et étendait ainsi de plus en plus son activité, elle engageait des négociations diplomatiques avec les grandes puissances, pour obte-

[1] De la Kéthulle de Rihowe.

nir d'elles la reconnaissance de sa souveraineté dans le bassin du Congo, et jouir, par ce fait, des immunités et des prérogatives d'un État.

« Or, un État possède une couleur, un drapeau. L'Association Internationale du Congo se trouva en présence de diverses propositions ; l'une d'elles, entre autres, préconisait le sphinx[1] comme emblème de la séculaire et redoutable énigme africaine

PLANTATION DE BANANIERS

qu'il s'agissait de résoudre. Mais le Roi préféra, au symbole du doute, l'étoile, signe de direction lumineuse et de radieuse espérance. C'est que le Roi ne doutait plus, résolu qu'il était de mettre une indéfectible énergie au service de l'idée géniale qu'il avait conçue. Et, peut-être, y a-t-il dans cet exemple, tombé de haut, une leçon qu'il convient de dégager. En face des grands progrès humains à réaliser, alors même que la part de l'inconnu demeure considérable, il faut savoir entreprendre.

[1] *L'Afrique nouvelle.* — Chevalier Descamps.

« La vraie sagesse est prévoyante sans être pusillanime. Progresser, c'est oser. *Duc in altum.* Poussons au large ! »

Le pavillon bleu, étoilé d'or, fut donc adopté par l'Association Internationale du Congo.

A la suite des démarches tentées par celle-ci pour la reconnaissance de sa souveraineté, les États-Unis, les premiers, soit le 22 Avril 1884, puis l'Allemagne quelques mois plus tard, reconnaissaient le drapeau de l'Association Internationale comme celui d'un gouvernement ami, consacrant, par conséquent, sa souveraineté.

Une sanction plus complète était toutefois désirable, voire nécessaire, et une occasion s'offrit que M. de Bismarck ne laissa pas échapper.

Le Portugal, se prévalant sans doute de ses titres de possession primordiale de l'estuaire du Congo, conclut, avec l'Angleterre, un arrangement touchant l'embouchure du grand fleuve. En Allemagne et en France, l'émoi fut grand, en raison des intérêts de ces deux puissances dont les colonies sont limitrophes des territoires acquis par l'Association Internationale du Congo.

Une entente entre Paris et Berlin intervint en vue d'un règlement définitif de la question africaine, dans cette partie du continent.

Une conférence des puissances fut convoquée à Berlin au nom de l'Allemagne, d'accord avec la France.

A ce propos, qu'il nous soit permis de citer, à titre documentaire, l'appréciation d'un important organe anversois, *Le Matin*, en Juin 1903, et reproduite, entre autres journaux, par la *Tribune congolaise*.

Nous lisons sous le titre *Les origines de l'État* : « Il y a, dans *Le Temps* de Paris, un article délicieux qui se termine par une grande et éclatante vérité : Le Congo a été créé par Bismarck pour faire pièce à l'ambition de l'Angleterre.

« L'Angleterre avait conclu un traité avec le Portugal qui lui livrait l'embouchure du Congo, c'est-à-dire du fleuve entier.

« Quand il reçut cette nouvelle, Bismarck ne fit ni une ni deux. Il déchira ce traité, ou, plutôt, il déclara à l'Angleterre qu'il le considérait comme non-avenu. »

Un courrier fut, dit-il, dépêché à Bruxelles auprès du Roi Léopold II, pour s'informer de l'importance et de l'activité de l'Association Internationale, aux destinées de laquelle le Roi présidait, et que Bismarck voulait substituer à l'Angleterre.

Bismarck, alors tout-puissant, conçut le projet de la Conférence de Berlin, laquelle se réunissait, comme nous l'avons déjà dit plus haut, le 15 Novembre 1884.

Nous ne commentons pas cette affirmation, car elle échappe au contrôle de l'historien.

Quatorze puissances prirent part à ce mémorable Congrès. Citons l'Allemagne, l'Angleterre, l'Autriche-Hongrie, l'Espagne, les États-Unis, la France, l'Italie, le Portugal, la Russie, la Suède-Norvège, etc.

Toutes ces nations réunies réglèrent, « dans un esprit de bonne entente mutuelle, les conditions qui pouvaient assurer le développement du commerce au Congo, et prévenir des contestations et des malentendus.[1] »

Ce programme admis, il en résultait, pour l'Association Internationale du Congo, devenue État, les avantages suivants : La limitation du bassin conventionnel du Congo, une législation économique supprimant à peu près complètement les rivalités commerciales et coloniales, assurant la libre navigation sur le

[1] De la Kéthulle de Ribove.

fleuve Congo, ses affluents et les lacs, supprimant la traite, proclamant la liberté de conscience et d'établissement, proclamant le principe de la neutralité au nouvel État, lui imposant enfin l'obligation de recourir à une médiation d'États amis en cas de contestations et de dissentiments.

De telles décisions répondaient en tous points au secret désir de l'Association Internationale du Congo, et le 26 Février 1885, jour de la clôture des travaux de la Conférence, la dite Association faisait acte d'adhésion aux décisions de la Conférence de Berlin.

Le prince de Bismarck, qui déjà antérieurement avait donné de précieux gages de bienveillance aux initiateurs du mouvement centre-africain, accueillit avec satisfaction cette adhésion, et, en clôturant les travaux de la Conférence, déclara que le nouvel État du Congo était appelé à devenir un des principaux gardiens de l'œuvre humanitaire et civilisatrice consacrée par le Congrès, et forma des vœux pour la prospérité et pour l'accomplissement des nobles inspirations de son illustre fondateur, le roi Léopold II.

« Il restait un dernier acte à accomplir : la nomination officielle du souverain de l'État du Congo.[1]

« Ayant été, dès le début, l'âme de l'Association Internationale, Léopold II ne pouvait en abandonner la direction au moment où elle recevait la consécration de son existence comme puissance souveraine ; d'ailleurs, la faveur avec laquelle les puissances représentées à Berlin avaient accueilli les entreprises du Roi en Afrique, le vœu unanime des plénipotentiaires de voir le créateur du nouvel État en assumer la souveraineté, les sympathies du peuple belge, surtout, faisaient en quelque sorte

[1] M. de la Kéthulle de Rihove.

AU BAIN

un devoir à Léopold II de poursuivre l'œuvre commencée sous ses auspices.

« Le 16 Avril 1885, le Roi adressa à ses ministres une communication, les invitant à demander au pouvoir législatif de l'autoriser, conformément à l'art. 62 de la Constitution, d'être le chef d'un autre État.

« Les Chambres belges accordèrent cette autorisation dans les termes suivants :

« Sa Majesté Léopold II, Roi des Belges, est autorisée à être le « chef de l'État fondé en Afrique par l'Association Internationale « du Congo. L'union entre la Belgique et l'État sera exclusive- « ment personnelle. »

« Le gouvernement fut immédiatement organisé.

« En Juillet 1885, la Constitution de l'État et l'avènement du Roi à la souveraineté furent proclamés, et communication en fut faite à toutes les stations du Congo, aux missions et aux maisons de commerce intéressées.

« Le 1er Août de la même année, le Roi notifiait à toutes les puissances la formation de l'État Indépendant et son titre de Souverain. La déclaration de neutralité qui suivit immédiatement acheva de constituer l'État Indépendant du Congo. »

Tel est, très succinctement résumé, l'historique de la formation et de la création de cet État dont le développement prodigieux fait l'admiration des nations colonisatrices les mieux outillées, et disposant des moyens les plus puissants.

Dans le mouvement actuel, alors que l'Angleterre cherche à soulever l'opinion publique européenne contre l'organisation de l'État Indépendant, il est assez piquant de reproduire l'appréciation de sir Edward Malet, l'un de ses hommes d'État les plus écoutés.

« Pendant de longues années, disait-il à Berlin, le Roi, dominé par une idée philanthropique, n'a rien épargné, ni efforts personnels, ni sacrifices pécuniaires de ce qui pouvait contribuer à la réalisation de son but.

« Cependant, le monde en général regardait ses efforts d'un œil presque indifférent. Par ci, par là, Sa Majesté soulevait la sympathie, mais c'était, en quelque sorte, plutôt la sympathie de la condoléance que celle de l'encouragement.

« On croyait que l'entreprise était au-dessus de ses forces, qu'elle était trop grande pour réussir. On voit maintenant que le Roi avait raison, et que l'idée qu'il poursuivait n'était pas une utopie. Il l'a menée à bonne fin, non sans difficultés, mais ces difficultés mêmes ont rendu le succès d'autant plus éclatant. En rendant à Sa Majesté cet hommage de reconnaître tous les obstacles qu'elle a surmontés, nous saluons l'État nouveau-né avec la plus grande cordialité, et nous exprimons un sincère désir de le voir fleurir et croître sous son égide. »

A son tour, le représentant de la République française, M. le Baron de Courcel, proclama en termes décisifs que le nouvel État devait sa naissance aux aspirations généreuses et à l'initiative éclairée de Léopold II, Prince entouré du respect de l'Europe, lequel fut, dès sa jeunesse, voué à la pratique de toutes les libertés.

Ce fut réellement, comme l'a très judicieusement constaté Stanley, le couronnement de l'État Indépendant du Congo par la civilisation ; il ajoutait : « Quiconque a la passion des belles, des grandes, des bonnes choses, souhaitera à Léopold II de vivre assez longtemps pour assister à l'épanouissement complet de cet État libre, de cette région dont il a ouvert les lointaines forêts à coups de hache et où il a fait pénétrer la lumière en pleine barbarie. »

CHAPITRE TROISIÈME

Stanley et les pionniers belges.

Nous avons vu Stanley, secondé et accompagné par les agents du Comité d'Études, repartant pour l'Afrique en 1879, remontant le fleuve Congo et fondant une trentaine de stations. Nous ne pouvons suivre, jour par jour, l'illustre explorateur au cours de cette recherche minutieuse des meilleurs moyens de pénétration.

Nous ne narrerons pas ici les dangers courus par ceux qui furent assez hardis pour l'accompagner durant les nombreuses années de cette exploration. Rappelons seulement qu'en mai 1882, Stanley, vaincu par la maladie, rentra en Europe après avoir remis le commandement du Haut Congo au capitaine Hanssens, de l'armée belge. Son séjour en Europe ne devait pas se prolonger, car Stanley, en quelque sorte fasciné par le Minotaure africain, revenait à Léopoldville en mai 1883, station qu'il avait fondée deux ans auparavant.

Il repart pour le Haut Congo, avec trois petits vapeurs qui avaient dû être démontés à Matadi et transportés à travers les Monts de Cristal, accompagné par les lieutenants Van Gèle et Coquilhat et de M. Roger ; il fonde de nouveaux postes dans la région de l'Équateur, dont il confie la direction à ces deux officiers.

En Juin 1883, il s'engage dans la Lulonga, reconnaît le lac Tumba et rentre à Léopoldville. En octobre, il arrive chez les Bangala qui, après l'avoir très mal reçu en 1877, lors de sa descente du fleuve, l'accueillirent alors avec une véritable allégresse [1]. Le 15 novembre, il arrive à l'embouchure de l'Aruwimi, et la réception des Basoko fut également beaucoup meilleure qu'en 1877, car chez ces indigènes était parvenue la bonne renommée des explorateurs belges et leurs sous-ordres, renommée consacrée par des procédés bienveillants et par la protection qu'ils assuraient aux indigènes contre les incursions des Arabes.

Après avoir exploré l'Aruwimi, il se rend en décembre aux chutes de Stanley Falls, crée sans cesse de nouvelles stations, confiant le commandement des dites à ses meilleurs collaborateurs, inspectant celles qui furent installées quelques années auparavant, constatant le prodigieux développement de plusieurs postes, celui de Bobolobo, entre autres, commandé alors par le lieutenant Liebrechts, aujourd'hui commandant et Secrétaire Général au gouvernement central à Bruxelles.

C'est également au lieutenant Liebrechts, dont Stanley avait apprécié l'habileté et le don d'organisation, qu'échut un peu plus tard le soin de présider au développement de Léopoldville, actuellement si importante.

[1] De la Kéthulle de Rihowe.

Jugeant de la valeur de ses nombreux collaborateurs, et désireux de leur laisser poursuivre la tâche si bien commencée, Stanley remet de nouveau le commandement de la division du Haut Congo au capitaine Hanssens, et peu après il reprenait définitivement le chemin de l'Europe.

« Il avait bien mérité le repos, dit de la Kéthulle ; grâce à son activité incessante, à son énergie indomptable, à son habileté hors ligne, il venait de jeter les bases d'un immense empire colonial, et il avait réalisé, au delà de toute espérance, la première partie des projets du Roi. Le nom de Stanley brille d'un éclat incomparable dans l'œuvre du Congo à laquelle il restera éternellement attaché. »

C'est alors que commence, sous l'administration de M. F. de Winton, la remarquable odyssée des petits Belges, comme on les nommait avec une pointe d'ironie mélangée, cependant, d'une admiration légitime. Par leur endurance, leur entente d'une organisation exemplaire, et, dans une très large mesure, par le respect des coutumes et traditions des indigènes, coutumes en opposition avec les principes de notre civilisation européenne, les Belges se montrèrent les dignes successeurs de Stanley.

Le livre d'or de ces pionniers constitue l'une des pages les plus glorieuses de l'humanité.

Les Van Gèle, Hanssens, Liebrechts, Janssen, Liévin, Grenfell, François, Vandevelde, Roger, Brunfaut, Wester, Coquilhat, P. le Marinel, Stairs, Dubois, Liénard, Lothaire, Roget, Van Kerckhoven, Dhanis, Gillain, Bia-Francqui, Legat, Delcommune, G. Le Marinel, Hanolet, Toback, Derechter, Ponthier, Daenen, Milz, de la Kéthulle de Rihowe, Van Dorpe, Jacques, Descamps, Chaltin, Wissmann, Wolf, de Macar, Five, Moncri, et tant d'autres, forment la première phalange de cette armée de braves et intrépides Belges qui ont transformé le continent africain.

Notre ardeur à enregistrer les résultats acquis et à constater la puissance d'expansion des Belges nous impose l'obligation de poursuivre, tout au moins succinctement, l'énumération des diverses étapes qui constituent, en fait, la prise de possession du Congo par l'occupation successive de toutes les parties du pays.

JEUNE DOMESTIQUE FILLE

La Ruki, le pays des Bangala, la Mongala et l'Itimbiri sont tour à tour parcourus et occupés par Hanssens, Van Gèle, Coquilhat. Épuisé, Hanssens remit son commandement à Van Gèle et se dispose à rentrer en Europe ; mais il ne peut se résoudre à abandonner le continent noir, et à Vivi, il suspend son voyage de retour, résolu à remonter encore le fleuve Congo jusqu'aux Stanley Falls, mais il succombe en décembre 1884.

De 1884 à 1887, a lieu l'exploration de la région du Kassaï par Wissmann, Wolf, de Macar et P. Le Marinel, et le poste de Luluabourg est créé.

En 1885, Van Gèle, qui s'est rendu aux Falls, entre en relations avec le puissant sultan Tippo-Tip ; à la même époque, Grenfell et François continuent l'exploration de la Ruki et la Lulonga, et reconnaissent la parfaite navigabilité de ces puissantes voies fluviales.

En janvier 1886, le lieutenant Liebrechts et le lieutenant Moncri reçoivent du Roi mission de s'entendre avec le commandant Rouvire et le Dr Ballay, représentant le gouvernement français, pour la délimitation de la région du Kwiluniadi.

Vers la fin de cette même année, les Arabes attaquent la station de Stanley Falls, alors commandée par les chefs de poste Deane et Dubois; ceux-ci se défendirent héroïquement, mais les soldats haoussas et bangala s'enfuirent lâchement. Avant de quitter leur station, qu'ils avaient si vaillamment défendue, ces braves y mirent le feu. Dubois se noya pendant la retraite.

En 1887, d'après les ordres du Roi, Stanley eut à Zanzibar une entrevue avec Tippo-Tip qui nia toute participation dans l'affaire des Falls; Tippo-Tip fut nommé vali [1] des Falls et accepta un résident de l'État.

« Cette alliance intérimaire avec les Arabes fut un acte de sage et adroite politique; il importait de temporiser, car le moment d'agir n'était pas venu [2]. »

Dès 1888, dans le but de mettre un terme aux incursions des Arabes dans les provinces du nord de l'État, le Roi décide l'établissement de deux camps retranchés, l'un sur l'Aruwimi, l'autre entre Nyangwé et le Katanga. Ces camps devaient d'ailleurs servir de bases d'opérations aux expéditions projetées vers les territoires du nord et de l'est.

Le commandant Roget est chargé d'une expédition dont l'organisation de l'avant-garde est confiée à Van Kerckhoven; cette avant-garde, commandée par le lieutenant Dhanis, fonde plusieurs stations, et, dès l'arrivée de Roget, il crée un camp retranché à Basoko. De cette station, Roget pousse une pointe vers l'Uellé par l'Itimbiri, atteint Imbembo, traite avec le puis-

[1] Gouverneur.

[2] De la Kéthulle de Rihowe.

sant sultan Djabbir, y établit un poste, continue sa route vers le nord et atteint le Mbomu.

L'année suivante, soit en 1889, un autre camp fortifié est établi à Lusambo, confluent du Lubi et du Sankuru ; le Lomami, le Sankuru, le Katanga sont parcourus, et P. Le Marinel fait son entrée à Bunkeia, capitale du sultan Msiri.

TRAVAILLEUSES PRÉPARANT LA FARINE DE MANIOC

La même année, Van Gèle prend pour la troisième fois le chemin de l'Ubangi, entre en relations avec Bangasa, grand chef Sakara établi sur le Mbomu.

En 1891, les expéditions Flairs, Delcommune et Bia-Francqui sont envoyées dans cette même région ; ces explorateurs déterminèrent définitivement les origines du grand fleuve et permirent à Brasseur de fixer exactement le cours du Congo dans son entier.

De 1890 à 1893, a lieu la fameuse expédition de Van Kerckhoven qui prend possession de l'Uellé, puis atteint le bassin du Nil, où est hissé le drapeau bleu étoilé d'or.

Durant cette période, soit en novembre 1891, Ponthier et Daenen battent les Arabes à Bomokandi. La même année, d'après les ordres de Van Kerckhoven, Milz et de la Kéthulle de Rihowe se rendent au Mbomu, traitent avec Semio et Rafaï et fondent des stations chez ces puissants sultans. En 1892, P. Le Marinel et de la Kéthulle explorent le Mbomu qui, à la suite du traité du 14 Août 1894, devient la limite septentrionale de l'État du Congo.

« De 1892 à 1894 se place l'histoire de la campagne arabe, les opérations des forces esclavagistes commandées par Jacques, lequel fonde Albertville, sur le Tanganika, et auquel succède Descamps, les victoires de Dhanis, la prise de Kasongo et de Nyangwé, les combats des Falls par Toback et Chaltin, la prise de Riba-Riba par Chaltin, la prise d'Isangi et de la Romée par Five et Daenen, les victoires de Lothaire, la prise de Kabambarré, enfin, l'anéantissement de la puissance arabe.

« En 1895, Lothaire se couvre de gloire en réprimant la révolte des Batétéla, et, en 1896, Chaltin remporte sur Ndoruma, chef révolté, une brillante victoire[1]. »

Tels sont les faits glorieux de l'histoire de la fondation de l'État Indépendant du Congo. Ils établissent, d'une façon absolue, l'intervention à peu près exclusive des officiers de l'armée belge.

C'est aux vaillants que nous avons cités, que l'humanité doit l'une des entreprises coloniales les plus rapides et les plus com-

[1] De la Kéthulle de Rihowe.

plètes, au milieu des peuplades les plus barbares, les plus réfractaires à la civilisation.

Mais, hélas ! ce n'est pas sans de nombreux sacrifices que ce travail titanesque a abouti au résultat qui fait de l'État Indépendant un organisateur modèle, car le nombre est grand de ceux qui, héros modestes, dorment leur dernier sommeil sous le sol africain, sans avoir eu la satisfaction de constater l'épanouissement du projet du Roi-Souverain, qu'ils ont si fidèlement servi.

CASE INDIGÈNE

CHAPITRE QUATRIÈME

Les services publics de l'État Indépendant.

L'armée Congolaise.

Nous avons relaté, dans les pages qui précèdent, la prise de possession des territoires immenses du centre africain par les explorateurs belges; nous avons dit que, pour assurer l'avenir et le développement de cette entreprise, il était indispensable de soumettre le nouvel État à une administration forte et indépendante émanant d'un pouvoir dûment établi.

Nous procéderons, dans le présent chapitre, à l'examen de cette organisation, en en disséquant le merveilleux fonctionnement, en en examinant les divers services qu'il comporte. A cet effet, nous aurons maintes fois recours à l'exposé magistral qu'en a fait M. le sénateur Descamps, dans son récent ouvrage l'*Afrique Nouvelle*.

Au Congo, tout était à créer ; or, pour subjuguer les peuples si divers de ce nouvel empire colonial, pour leur inculquer le respect du fait acquis, il était urgent de leur prouver qu'une force organisée était le principal élément de la transformation qui devait découler du nouvel état de choses.

Selon l'auteur précité, l'État comprit, dès le début, la nécessité de l'organisation d'une sérieuse force publique sur son territoire, pressentant les heureuses conséquences qui en résulteraient au point de vue du relèvement moral et matériel des populations indigènes.

Mais il fallait s'assimiler aux mœurs et coutumes de ces races, éviter un froissement ou peut-être un choc par l'application de mesures contraires à leurs tendances naturelles. Il s'agissait d'une expérience pour l'adaptation méthodique et pratique d'institutions nouvelles se substituant aux situations acquises.

Après une période de recrutement hors des limites de l'État, à Zanzibar, Lagos, Accra et Sierra Léone, qui avait donné d'assez bons résultats, mais qui était onéreux, le gouvernement songea à employer l'élément indigène.

En 1885, le capitaine Coquilhat, déjà cité dans ce travail, et le capitaine Van Dorpe tentèrent l'enrôlement des tribus Bangala et Manyanga. « La voie était tracée, dit M. Descamps, mais il fallait user de patience. Un petit contingent était-il enrôlé dans telle région, les camarades ne voulaient point partir avant d'avoir vu revenir ces recrutés, afin d'avoir la preuve palpable que l'on était en sécurité chez les blancs.

« Désireux de composer une armée nationale, l'État chercha d'abord à utiliser dans ce but les incidents mêmes de la lutte contre les chasseurs d'hommes et les traitants, ainsi que l'organisation politique et sociale des populations, dans ce qu'elle offre de favorable au développement du principe d'autorité. Les esclaves délivrés dans les combats contre les esclavagistes étaient proclamés libres, sous la protection de l'État. Ceux qui ne pouvaient, à cause de circonstances diverses, être rapatriés, soit qu'ils ne le désiraient point, soit qu'ils ignoraient eux-mêmes les lieux dont ils étaient originaires, entraient avec satisfaction dans les rangs de la force publique. »

Après ces essais, dès 1891, un décret du Souverain règla le recrutement par des engagements volontaires et par des levées annuelles en vue de former une armée vraiment nationale. Il fixa de quatorze ans à trente ans l'âge de l'incorporation et la durée du service à sept ans, dont cinq ans d'activité et deux ans dans le cadre de réserve. Le soldat touche une solde quotidienne de 21 centimes et une allocation mensuelle de fr. 1, 25, qui lui est versée à l'expiration de son engagement. L'entretien de la troupe, le logement et l'équipement sont à la charge de l'État.

Ce régime fut immédiatement apprécié par les indigènes, si l'on s'en rapporte au nombre croissant des engagements volontaires; ainsi, en 1891, 1600 indigènes se présentèrent, et en 1903 le chiffre ascende à plus de 5000.

La conscription est cependant fort limitée; toutefois, l'armée congolaise compte actuellement plus de 16,000 hommes, réserve non comprise, exercés pendant un an dans les camps d'instruction de Luki, Yambi, Irebu et Umangi.

Tous les officiers sont des Européens; la grande majorité sont Belges; toutefois, on y compte des Italiens, des Danois, des Scandinaves et quelques Suisses. Les noirs sont admis au grade de sous-officiers.

Cette armée, répartie sur toute l'étendue du pays, constitue une garantie de sécurité qu'offrent à un degré moindre les colonies voisines.

Le gouvernement de l'État Indépendant paraît avoir remarquablement compris l'avantage qu'il trouve à s'assurer le dévouement de l'armée congolaise en la faisant bénéficier d'un traitement vraiment privilégié.

Dans une série d'articles très remarqués[1], M. Roland de Marès a fort bien étudié et exposé les divers rouages de l'administration de l'État. S'agissant de la force publique, et s'appuyant sur les rapports officiels adressés au Roi-Souverain, il reconnaît que l'on n'est pas arrivé du jour au lendemain à créer de toute

AVENUE ENTRE LES BANANIERS A ZAMBI

pièce une armée congolaise, et qu'il a fallu réprimer des actes d'indiscipline qui, parfois, ont dégénéré en véritables révoltes. «Ces rébellions, dit-il, se produisaient surtout parmi les recrues provenant de la Province orientale, où vivent des peuplades guerrières formées, par les Arabes, à une vie de rapine et de violences. Leur indiscipline était telle, que le gouvernement, voyant qu'il ne pouvait compter sur les hommes originaires de la Province orientale, a été obligé de licencier tous les contin-

[1] *Indépendance belge,* Mars 1903.

gents suspects. Au début, les rébellions qui se produisaient, même parmi les troupes dont l'esprit est relativement bon, étaient dues surtout à l'irrégularité dans l'arrivée des ravitaillements et du paiement de la solde, au défaut de surveillance immédiate des agents européens sur les postes secondaires commandés par des gradés noirs et, surtout, à l'éparpillement des troupes sur toute l'étendue des districts, ce qui les mettait en rapport direct avec les chefs indigènes hostiles à l'État.

« L'assouplissement à la soumission des indigènes au service militaire s'accentue de plus en plus; et ce qui plus est, ils paraissent saisir l'importance de leur mission comme soldats. »

M. le chevalier Descamps constate que l'ordre et la légalité règnent maintenant, là où l'anarchie était la règle. « Au nord, à l'est, au sud, les esclavagistes ont été matés les armes à la main. Après une redoutable guerre de civilisation, l'État a réussi à exterminer les chasseurs d'hommes et les traitants arabes. En même temps, il a donné à l'occupation effective de ses territoires une puissante réalisation. Un fait significatif: le nombre des postes de l'État qui était de 45 en 1885, de 115 en 1895, est de 215 en 1903.

« La force publique du Congo n'est pas seulement un instrument précieux pour faire respecter l'ordre et la légalité; elle est aussi un puissant moyen d'amélioration morale. »

Les soldats libérés contractent, en effet, au service, des habitudes d'ordre, de régularité, d'amour du travail qu'ils conservent dans la vie privée, car nous avons omis de dire qu'une partie de la matinée seule est consacrée au maniement des armes, le reste de la journée s'écoulant à des travaux de culture, de construction ou d'amélioration de la station.

C'est donc un état de choses meilleur, une grande amélioration sur la barbarie, et qui constitue, en somme, un état d'âme d'ordre supérieur.

Le blanc peut d'ailleurs compter sur la fidélité de ses soldats ; c'est ce qui résulte du moins des appréciations que nous ont transmis des officiers ayant séjourné au Congo durant plusieurs années. L'exemple du courage, de l'obstination donné par l'Européen fait une profonde impression sur ces indigènes; la volonté de surmonter les obstacles les plus redoutables leur inspire une réelle admiration pour leurs chefs; l'enjouement, la gaieté dans les situations difficiles sont pour eux un sujet d'étonnement, en même temps qu'un moyen de domination. M. le commandant Federspiel, un Suisse, qui séjourne au Congo depuis cinq ans, et qui connaît ses noirs, relate, dans une lettre récente, une marche des plus pénible et des plus mouvementée à travers la grande forêt équatoriale : « C'eût été un magnifique voyage, nous dit-il, car j'aime ces paysages sauvages et surtout cette grande forêt mystérieuse, si je n'avais eu presque chaque jour à subir des pluies diluviennes et des orages formidables qui arrachaient tentes et huttes; les routes, très mauvaises à certains points, n'existaient qu'en imagination ; mais on s'habitue à tout, et malgré cela, je n'ai jamais perdu ma bonne humeur; mes soldats étaient étonnés de me trouver si gai en dépit des circonstances. Mais il le faut, car si vous ne pouvez vous attacher vos soldats par ces moyens de persuasion, et s'ils vous ont vu faiblir dans des situations critiques, ils vous échapperaient pour toujours. » Il n'est pas douteux qu'avec un cadre d'officiers pénétrés de leurs devoirs et de la haute mission qui leur incombe, l'armée congolaise forme l'un des éléments les plus sûrs de la moralisation de ces populations.

CHAPITRE CINQUIÈME

La Justice.

Dès le début de l'occupation officielle de son nouvel empire colonial, l'État voua une attention toute particulière à l'organisation des services judiciaires, en dépit des difficultés qui étaient inévitables dans un pays dont les populations sont accoutumées à une licence absolue, et pour lesquelles la justice se traduit par la force brutale, c'est-à-dire par le meurtre, l'assassinat ou l'esclavage.

« Il fallait assurer la protection certaine des naturels, non seulement contre les marchands d'esclaves et les chefs de tribus, mais encore contre les étrangers venus de par delà les mers, s'installer au Congo comme en pays conquis, et cherchant par tous les moyens, honorables ou non, à y réaliser des fortunes rapides. [1]

[1] Roland de Marès.

« S'il se trouve parmi les colonisateurs des hommes de haute valeur morale, se dévouant complètement et sincèrement à l'œuvre de civilisation, il ne faut pas se dissimuler que la colonisation attire aussi des éléments moins dignes de respect, que c'est vers les pays nouveaux où la vie est encore relativement facile, où la lutte se présente dans des conditions favorables, qu'émigrent de préférence ceux qui ont été vaincus dans les pays du Vieux-Monde, ceux qui, soit par leur propre faute, soit par le hasard des circonstances, ont à refaire leur carrière, à corriger leur existence.

« Ce serait une faute grave, de la part des dirigeants, d'écarter systématiquement ces éléments là, de dédaigner leur concours, car souvent ils ont des qualités d'audace et d'énergie qui sont infiniment précieuses. Le tout est de diriger ces volontés, de maintenir ces appétits, de ne laisser se manifester de ces activités que ce qui peut contribuer au bien général. Pour atteindre ce but, il faut beaucoup de tact et une saine compréhension de la véritable justice, celle qui tient exactement compte des circonstances.

« Pendant la période d'occupation du territoire, alors qu'on n'avançait qu'avec une extrême prudence, la justice militaire, répondant à toutes les nécessités, fonctionnait seule, mais au fur et à mesure du tassement régulier des choses, le service judiciaire prit de l'extension.

« Au tribunal de pre-

FACTORERIE BELGE BELGIKA

mière instance siégeant à Boma, vinrent s'adjoindre bientôt des tribunaux territoriaux dans le Bas Congo, dans tous les chefs-lieux des districts, à Matadi, à Popokabacca, à Léopoldville, à Coquilhatville, à Basoko, etc. Là, où est installé le tribunal territorial, on mit fin à la compétence, étendue provisoirement, attribuée aux conseils de guerre dont, ainsi qu'il sied, ne relèvent plus que les militaires. Cette étape marque bien la fin de la période de conquête proprement dite et le plein épanouissement de la période d'organisation. Afin de donner toutes les garanties désirables aux Européens, le gouvernement de l'État Indépendant décida que ce serait exclusivement devant le tribunal de première instance du Bas Congo que seraient jugées les infractions commises par les blancs, les conditions de contrôle et de publicité étant ici plus sérieuses. Au reste, tous les jugements en cause d'indigènes ou de non-indigènes, sont sujets à appel devant le tribunal d'appel composé de trois magistrats, dont la nomination est subordonnée à des conditions rigoureuses de capacité et d'expérience judiciaire.

« Comme nous l'indiquions plus haut, le gouvernement de l'État Indépendant a dû se préoccuper spécialement de la répression de toute atteinte à la liberté et à la propriété des indigènes.

« La législation pénale est très sévère pour les sacrifices humains, pour l'anthropophagie, pour les mauvais traitements infligés à des noirs, et un certain nombre de condamnations ont été prononcées contre des agents de l'État Indépendant, à la charge desquels on avait relevé des actes de violence contre des indigènes.

« Le gouvernement, dès cette époque, donna au parquet des instructions lui prescrivant des poursuites rigoureuses, et le

Roi-Souverain manifesta l'intention de donner de moins en moins suite aux requêtes en grâce pour des faits de ce genre. »

Trente conseils de guerre ont été institués dans les stations les plus importantes, avec un conseil de guerre d'appel à Boma. Les services judiciaires, tels qu'ils fonctionnent actuellement, figurent au budget pour la somme d'environ un million de francs, mais ce chiffre sera sensiblement majoré lorsque les juridictions civiles qui existent dans le Bas Congo seront établies sur toute l'étendue du territoire.

La justice, au Congo, doit évidemment s'inspirer de l'état d'âme des indigènes, de leur appréciation très sommaire du dommage causé, fût-il moral ou matériel, de leur conception toute rudimentaire, pour être plus exact, de leur ignorance absolue des principes qui sont à la base de nos institutions européennes.

Dans la relation de son voyage au Congo[1], M. Buls traite la question judiciaire comme suit :

« Les délits ne sont pas appréciés par les indigènes congolais au même point de vue qu'en Europe. Ceux qui sont commis sur les marchés sont punis de la peine de mort, parce qu'il est urgent de garantir l'approvisionnement de la tribu et d'inspirer confiance aux fournisseurs d'aliments.

« En dehors de ce cas, l'assassinat et le vol ne sont pas considérés comme des lésions excessivement graves. Les nègres vivent dans un état de guerre perpétuel ; sans cesse, ils doivent se garder contre quelque attaque imprévue ; à chaque instant, ils peuvent être appelés à se tuer ou à se défendre contre un homicide.

« Au point de vue de la propriété, ils se trouvent encore à la

[1] *Croquis congolais*. Ch. Buls.

phase d'évolution inférieure par laquelle ont débuté toutes les sociétés : celle d'un communisme inconscient.

« Il arrivera à un noir de s'emparer d'un objet, sous les yeux du blanc, et s'étonner d'en recevoir un reproche.

« L'étranger n'a aucun droit; est-il victime d'une violence, d'un meurtre? la justice indigène reste indifférente; c'est par la guerre seulement qu'une réparation peut être obtenue du village auquel appartient le coupable.

« Cependant, quand le blanc s'est établi pacifiquement dans un district, si sa fidélité à remplir ses engagements inspire confiance aux noirs, ils ne tardent pas à venir lui soumettre leurs différends, reconnaissant ainsi sa supériorité intellectuelle. »

Le blanc exige, paraît-il, des deux parties en cause, le paiement d'une contribution constituant l'engagement par elle d'accepter et de respecter la sentence; cette contribution, en usage d'ailleurs chez les populations congolaises, stipule la fourniture de produits alimentaires, œufs, poules, chèvres et d'objets divers

Certes, les sentences rendues par des blancs de toutes conditions, médecins, ingénieurs, officiers, sous-officiers, ou simples commis de l'État ou de factoreries, ne revêtent pas toujours le caractère d'un jugement impeccable; toutefois, on peut citer de nombreux cas révélant une justesse d'appréciation qui affermissait encore l'autorité morale du blanc.

Les punitions corporelles infligées au noir par leurs chefs blancs comme châtiment, le fouet, par exemple, ou le travail à la chaîne, ne manquent pas non plus leur effet.

Un de nos compatriotes, agronome de l'État Indépendant, dirige d'immenses cultures de caoutchouc à la Bombaie. Son personnel se compose parfois de 350 travailleurs, hommes et femmes : « Ce sont des noirs ! exclame-t-il[1]. Cela donne à penser et nécessite toujours une surveillance incessante. Si je fais donner le fouet à un homme, ce qui a toujours lieu à l'appel, en présence de tous les travailleurs, personne ne bougera. Et, si l'on devait craindre une vengeance pour cela, il y a longtemps que tous les blancs seraient massacrés. En ce qui me concerne, ils en auraient eu l'occasion

VILLAGE NÈGRE

chaque jour. Mais ils savent fort bien que la revanche du blanc serait terrible.

« Ils sont assez rusés pour ne pas se prêter à un jeu aussi dangereux. Ici, je suis aussi en sécurité, encore plus qu'en Europe, où vos journaux relatent journellement des crimes atroces, même dans les centresles plus civilisés.

« A l'appel de ce matin, il s'est précisément produit un cas

[1] Extrait de son Journal, obligeamment communiqué pour contribuer à cet ouvrage.

pouvant vous donner une idée de ce qu'est le noir : un grand enfant, mais un enfant menteur et rusé.

« Comme je sortais de chez moi pour l'appel, arrive au même moment une caravane de caoutchouc. Je vois un de mes travailleurs s'apprêtant à voler un objet à l'un des porteurs ; naturellement, celui-ci se défend ; mais mon homme le frappe à grands coups de poing. Je le saisis, l'emmenai devant le front et lui annonçai qu'il recevrait vingt-cinq coups de fouet. Il protesta avec énergie, déclara n'avoir pas frappé et ne pas savoir la cause de la punition qui lui fut infligée, cependant, séance tenante, puisqu'il avait été pris sur le fait. Quelques minutes après, il venait me trouver et m'avouait qu'il les avait mérités : Oui, j'ai battu l'autre !

« Ce qui est souvent fort difficile, c'est de juger leurs palabres, surtout, comme c'est le cas fréquemment, s'il s'agit de femmes. La prudence s'impose, car ils disent d'emblée : « Le blanc est juste » ou « le blanc est injuste ». Il a bien jugé ou mal rendu son jugement. Et j'ai remarqué, maintes fois, que leur appréciation avait une grande influence pour nos rapports ultérieurs.

« Si nous ne pouvions pas punir les hommes, ici, ce serait une véritable anarchie. Il faut que le blanc soit craint ; s'il est bon d'appliquer des lois humanitaires, elles ne doivent point confiner à la faiblesse. »

CHAPITRE SIXIÈME

L'Administration générale de l'État.

Nous ne nous arrêterons que très brièvement sur l'organisation du Pouvoir central de l'État Indépendant qui a son siège à Bruxelles, et se compose d'un Secrétaire d'État[1], qui assume la haute direction de tous les services de l'administration, et de trois Secrétaires Généraux pour les départements des affaires étrangères, des finances et de l'intérieur ; enfin d'un Trésorier Général.

Une Cour de cassation, sous le nom de « Conseil supérieur », a été instituée à Bruxelles pour connaître les pourvois dirigés contre tous jugements rendus en dernier ressort en matière civile et commerciale. Les membres de ce Conseil sont nommés par le Roi, de même que le Secrétaire d'État, les Secrétaires Généraux et le Trésorier Général précités.

[1] M. le Baron van Eetwelde est actuellement Ministre d'État et Secrétaire d'État.

Notons que parmi les membres du Conseil supérieur figure le Consul Général de Suisse à Bruxelles; c'est, croyons-nous, le seul étranger auquel le Roi ait conféré cette dignité.

Le gouvernement local dont le siège est à Boma, capitale de l'État Indépendant du Congo, est placé sous la haute direction d'un Gouverneur Général, ou, en son absence, d'un Vice-Gouverneur. Il est le mandataire personnel du Roi-Souverain pour l'administration du territoire, mais il exerce ses attributions sous la direction du gouvernement central ; il a la haute direction de tous les services administratifs et militaires établis dans l'État.

Le Gouverneur Général est assisté d'un Inspecteur d'État, d'un Secrétaire Général et de sept directeurs des divers services, soit justice, transports, marine et travaux publics, intendance, agriculture et industrie, travaux de défense, force publique, finances.

Il a été institué à Boma un conseil consultatif, sous la présidence du Gouverneur Général, délibérant sur toutes les mesures d'intérêt général qu'il peut y avoir lieu d'adopter ou de proposer au Gouvernement central.

La division du territoire a pour base le district, au nombre de quatorze, à la tête desquels sont placés des commissaires de districts. Ce sont, en quelque sorte, les préfets des départements français.

Les commissaires de districts contrôlent l'administration de leurs territoires respectifs; outre le développement de l'occupation effective de leurs districts, il est à remarquer que leur rôle consiste essentiellement dans la consolidation de l'autorité de l'État, et à inculquer aux populations indigènes les principes qui sont à la base de l'œuvre civilisatrice poursuivie par l'État.

Ces commissaires sont d'ailleurs secondés par des chefs de zones et des chefs de postes, dont l'initiative est limitée par des

JEUNES FILLES DU HAUT UBANGI

règlements spéciaux. Puis, viennent les agents inférieurs, actuellement au nombre d'environ 1300 répartis dans les divers postes et stations de culture et d'élevage. En tenant compte des hauts fonctionnaires, inspecteurs d'État, médecins, officiers, juges aux tribunaux, etc., le nombre total des agents de l'État est de 1800 environ.

Et, si nous ajoutons à cet ensemble les services sanitaires, les commissions d'hygiène, au nombre de vingt-six, offices vaccinogènes, les postes, télégraphe et téléphone, qui fonctionnent avec une régularité remarquable, on avouera que l'œuvre du Roi, pour le développement de ce vaste empire colonial, a droit à l'admiration de ceux que n'aveugle pas un esprit de dénigrement systématique.

Mais l'élément européen ne coopère pas seul à cette transformation morale et matérielle de tout un peuple. Le Roi a fort habilement utilisé le concours des chefs de tribus les plus influents, et a institué les chefferies indigènes qui sont actuellement au nombre de 258.

Il en résulte un contact plus intime entre les représentants directs de l'État et les indigènes, à mesure que ces chefs exercent leur autorité conformément aux us et coutumes de leurs administrés, pourvu qu'ils ne soient pas contraires à l'ordre public, et conformément aux lois de l'État. Cette intervention, ou, plus exactement, cette entente entre l'État et les chefs a singulièrement facilité l'introduction de certaines prestations ou de certaines mesures dont l'application eût été différée ou incomplète; ainsi, le recrutement de la force publique, l'impôt par le travail, travail d'ailleurs rémunéré suivant un tarif établi par le commissaire de district et approuvé par le Gouverneur Général.

Il s'agit, en somme, du groupement, sous un petit nombre de chefs reconnus par l'État, de populations de même race, et dont les besoins, la manière de vivre et les intérêts sont identiques.

Les résultats acquis sont très appréciables, ainsi que le constate un rapport du Secrétaire d'État au Roi-Souverain. « Les populations, dit ce rapport, partagées auparavant entre des sortes de petits États, étaient livrées à autant de chefs dont les rivalités étaient l'une des causes de ces incessantes guerres de village à village, avec leurs conséquences de meurtres, de mutilations, d'esclavage. D'autre part, les prescriptions de l'autorité ne pouvaient parvenir jusqu'aux habitants, ou bien leur exécution ne pouvait être surveillée. »

Selon M. Descamps, depuis la mise en pratique de l'institution des chefferies reconnues, on constate que les mœurs indigènes s'humanisent; les guerres civiles sont supprimées peu à peu ; il devient plus facile de combattre les coutumes barbares et l'anthropophagie, l'épreuve de la casque, les sacrifices humains, l'autorité ayant sous la main un chef qu'elle tient responsable des écarts ou des excès de ses administrés.

Comme nous l'avons dit plus haut, c'est une coopération efficace de l'élément sauvage pour la transformation morale et matérielle des populations congolaises.

BARAMBA. LA RIVE ET L'HABITATION DU COMMISSAIRE

CHAPITRE SEPTIÈME

Les Missions.

« L'histoire démontre que le christianisme possède une vertu particulière pour retirer de la barbarie les races incultes, et leur faire franchir rapidement les premières étapes de la civilisation.» Ainsi s'exprime M. Banning dans son ouvrage *l'Afrique et la Conférence Géographique de Bruxelles.* Or, l'État Indépendant du Congo a compris son rôle, en favorisant, par des concessions de diverse nature, les missions protestantes ou catholiques établies antérieurement à son avènement et en facilitant l'établissement de nouveaux centres d'évangélisation, sans distinction de confessions ni de nationalités.

Il se conformait ainsi pleinement aux vues de la Conférence de Berlin en protégeant la puissance pacifique des missions chrétiennes.

L'influence de ces dernières est considérable au point de vue de la formation de générations nouvelles affranchies de la barbarie, au point de vue de l'adoucissement des mœurs des tribus sauvages, au point de vue de la réhabilitation du travail chez les noirs, au point de vue du développement prospère du pays dans l'ordre industriel et agricole.[1]

Partout où elle s'exerce, de remarquables résultats sont acquis pour le présent et de précieux germes de régénération sont posés pour l'avenir.

Ce fut en 1877 et en 1879 que s'établirent dans le Bas Congo les premières missions protestantes anglaises; en 1883, les missions américaines et suédoises, fortement organisées, y font également leur apparition, se fixant dans diverses régions du pays. Le nombre des missionnaires protestants est estimé aujourd'hui, selon le docteur Guinness, à 211, plus 283 évangélistes et 327 catéchistes indigènes répartis dans 40 stations principales et 192 postes de missions; les écoles du dimanche réunissent 5,640 indigènes et l'école journalière 10,162.

En ce qui concerne la religion catholique, les premières missions fondées au Congo furent celles des « Pères blancs d'Afrique » du cardinal Lavigerie, et celle des « Pères du Saint-Esprit ». Ces derniers ont émigré en territoire français. Puis, successivement, s'installent les nombreuses missions belges, congrégations de religieux et religieuses, comprenant actuellement 119 prêtres, 41 frères coadjuteurs et 84 sœurs, soit un total de 244 membres; les missions catholiques, dans leur ensemble, comptent 19,000 chrétiens, 24,800 catéchumènes et 5,500 enfants.[2]

Les rapports de l'État avec les missions de toutes confessions

[1] *Afrique nouvelle*. Descamps.

[2] *Ibid.*

sont tels que, en Janvier 1903, le Comité de la Société britannique des Missionnaires baptistes de Londres a envoyé au Roi, à Bruxelles, une délégation pour exprimer à Sa Majesté la reconnaissance qu'il éprouve pour la bienveillante et encourageante sympathie dont le comité et ses auxiliaires sont l'objet au Congo.

De tels rapports permettent le développement de ces milieux bienfaisants.

« Au Congo, les Pères sont surtout des colonisateurs, des travailleurs obligés de se livrer à tous les métiers, comme Robinson dans son île. Ils ne marmottent pas seulement leur patenôtre, mais bêchent, rabotent, charpentent, cuisent les briques.

« Ils ont cette heureuse chance de n'être point exposés à souiller leur foi au contact de la politique; ils ne poursuivent aucun but intéressé. Il en résulte que leurs rapports avec les colons n'en sont point troublés; tous travaillent à la vigne du Seigneur, avec un même esprit de charité et de concorde[1]. »

Le système d'éducation des petits noirs varie selon les sectes ou les congrégations. M. Buls, déjà cité, les expose comme suit: « Dans les missions baptistes anglaises richement pourvues, j'ai trouvé le système de rayonnement de la foi par l'exemple, par l'influence morale. Une chapelle-école est construite ; y vient qui voudra. Il s'établit alors, aux environs, une agglomération restreinte d'indigènes dressés à cultiver, à soigner la basse-cour, à exercer les différents métiers de la construction: quelquefois même, comme à Bolobo, on parvient à en faire des typographes qui impriment des évangiles en bayanzi. »

Chez les Pères de Scheut, congrégation belge, le système du patronat est appliqué comme suit:

[1] *Croquis congolais*. Ch. Buls.

« Les néophytes, dit encore M. Buls, sont des enfants abandonnés, orphelins, prisonniers de guerre, des esclaves délivrés. Les filles sont élevées par les sœurs Franciscaines, les garçons par les Pères qui leur enseignent la lecture, l'écriture, le calcul et un catéchisme condensé ; mais la plus grande partie du temps est consacrée à la culture et à des travaux manuels. Quand les jeunes filles atteignent douze ans, elles sont mariées

MAYOMBÉ. HABITATION EN BOIS

à des garçons de quatre à cinq ans plus âgés. Les Pères leur donnent un chimbèque — maisonnette — dans une des avenues de la mission. Il se constitue ainsi, peu à peu, une sorte de communauté à la fois religieuse et communiste.

« L'inconvénient de la tutelle permanente des religieux est de ne pas préparer le nègre à la vie libre, de ne point éveiller en lui le sentiment de la responsabilité personnelle. Il s'habitue à compter sur la protection des missionnaires, et, comme il est par nature paresseux et imprévoyant, il lui arriverait de mourir de faim si les bons Pères ne lui donnaient les secours sur lesquels il a compté; aussi la mission a-t-elle passé par des moments fort difficiles. »

Les Pères de la Compagnie de Jésus emploient un système différent; leurs nombreuses stations sont autant de colonies scolaires. « Les filles y sont élevées par les sœurs de Notre-Dame ; conserver à ces enfants leur simplicité native, tout en corrigeant les défauts de la race, tel est le programme. L'instruction est des plus élémentaires pour les garçons et les filles; on s'efforce surtout de leur enseigner un métier utile.

« A douze ans, les filles sont mariées; si la mission manque d'épouses pour ses catéchumènes, elle en achète aux villages voisins. L'achat de la femme est la forme de mariage d'après la coutume indigène.

« Le jeune ménage chrétien est établi dans un village de la région; on lui construit une mission-ferme; on lui prête quelques enfants comme travailleurs. Cette installation devient un centre de culture et d'évangélisation; elle reçoit de temps en temps la visite d'un Père; il s'assure si les catéchistes se maintiennent dans la bonne voie, s'ils travaillent et appliquent les préceptes de leur éducation. Livrés un certain temps à eux-mêmes, obligés d'attendre de leurs propres cultures et de leurs troupeaux leurs seuls moyens d'existence, les élèves des Jésuites déploient une activité et une initiative qui ne se rencontrent pas chez les catéchumènes des autres missions; souvent même ils deviennent les chefs et les juges des villages où ils sont établis. »

M. Buls, qui a visité la plupart des missions au Congo, qui a parcouru pendant plusieurs mois les territoires de l'État pour se rendre compte de la situation générale, M. Buls, disons-nous, expose du vu et du vécu ; or, il estime que les bonnes âmes croyantes, qui, sans quitter l'Europe, veulent appliquer aux nègres d'Afrique la discipline morale à laquelle se sont peu à peu soumis les peuples européens, font fausse route en raison de l'absolutisme de leur foi et leur ignorance de la psychologie du noir.

« D'autre part, les missionnaires eux-mêmes, protestants ou catholiques, dit-il, versent dans le même travers, les premiers par leur bibliolâtrie, les seconds par leur intolérance.

« Les protestants s'imaginent avoir sauvé les noirs quand ils les ont rendus capables de lire la Bible. Les catholiques, partant de l'axiome que seuls ils possèdent la vraie foi, s'emploient avec un zèle d'apôtres à convertir les païens et même les noirs déjà gagnés au protestantisme. »

Il paraît à l'auteur précité que le protestantisme est appelé à moins de succès auprès du noir que le catholicisme. « La religion de Luther, née d'une protestation contre les abus de Rome, d'un appel à la conscience individuelle, à la raison humaine, me paraît plus éloignée de l'âme nègre qu'un culte plus ancien, plus pompeux, plus livré aux formes et aux pratiques extérieures. »

Sans nous prononcer pour l'une ou l'autre de ces opinions, il nous paraît que le champ est suffisamment vaste pour que toutes les bonnes volontés puissent s'y donner libre cours ; au surplus, les résultats acquis actuellement, tant par les missions catholiques que par les missions protestantes, sont tels que toutes les divergences disparaissent pour faire place à un sentiment d'admiration sans mélange pour ces pionniers, dignes collaborateurs de l'œuvre civilisatrice entreprise par le Roi-Souverain.

CHAPITRE HUITIÈME

Les voies de communication.

Dans un pays neuf, les voies fluviales constituent le seul moyen de pénétration ; les premières stations établies au Congo étaient toutes situées sur les rives des plus puissants cours d'eau, puis, sur des affluents secondaires.

Ces voies de communication, dont l'insuffisance s'accentuait à mesure que se développaient les relations commerciales et que se multipliaient les postes de l'État, ne devaient pas tarder à être complétées par la création de voies plus rapides et par un réseau atteignant jusqu'aux confins de l'État, c'est-à-dire parcourant des contrées presque inexplorées et laissées en dehors du courant commercial à son début.

On ne pouvait compter utiliser la traction animale, les chevaux et les bœufs étant à peu près inconnus dans la plus grande partie du Congo, et la domestication des éléphants si bien commencée par M. Laplume étant encore à l'état embryonnaire. L'emploi des pirogues ne pouvait suffire au transport des marchandises encombrantes ou trop lourdes ; la construction de chemins de fer et d'une flottille s'imposait.

Les steamers venant d'Europe ne stationnant que quelques heures à Boma, se rendaient à Matadi, comme maintenant encore, pour le débarquement et le déchargement.

Or, pour se rendre dans le Haut Congo, le fleuve n'étant plus

ARBRE ABATTU A SHINGOUGA

navigable à cause des rapides et de cataractes successives, les blancs devaient, il y a cinq ans encore, suivre la route des caravanes, accompagnés par des noirs portant les bagages. C'était pendant plusieurs semaines un labeur incessant, et aucun ravitaillement n'était possible.

L'étroit sentier qui gravissait les Monts de Cristal n'était, hélas ! jalonné que par les ossements de ceux qui s'étaient affalés sous les feux ardents du soleil africain. Début impressionnant et singulièrement suggestif pour les nouveaux venus ! Heureusement encore, lorsque, parvenus après mille souffrances au but de leur voyage, c'est-à-dire au Pool pour continuer leur route par voie fluviale, ils retrouvaient leurs bagages au complet, car les porteurs ne se faisaient pas faute d'abandonner leurs charges et de s'enfuir dans la brousse.

De telles conditions de transport ne pouvaient faciliter les échanges entre le Bas Congo et le Haut Congo ; il fallait une voie rapide et aussi courte que possible, pour relier à la mer l'immense réseau navigable du continent noir.

Le génie de la nation belge était de nouveau appelé à se manifester par la construction d'une ligne ferrée dont le tracé présentait des obstacles presque insurmontables. Ce tracé de Matadi au Pool, qui est actuellement Léopoldville, soit 400 kilomètres de développement gravissant les Monts, franchissant les abîmes et les chutes, devait être l'un des principaux anneaux de cette chaîne ininterrompue qui reliera dans un avenir rapproché le port d'Anvers aux Grands Lacs africains.

Les initiateurs se présentèrent, défiant la nature et le climat, réunirent les capitaux nécessaires, et, après un travail de huit années, c'est-à-dire en Juillet 1898, le lieutenant-colonel Thys et ses infatigables collaborateurs inauguraient solennellement cette création prodigieuse, en présence des délégués officiels de dix gouvernements.

Pour se rendre compte des difficultés qui se présentèrent, il nous suffira de mentionner le fait que cette construction, dont le devis primitif était de 25 millions, a absorbé 75 millions.

L'élan était donné, car en 1898 également, une seconde ligne de chemin de fer fut commencée, reliant Boma avec les riches contrées du Mayumbé, distantes de 80 kilomètres, et fut inaugurée en 1901.

Avant de poursuivre l'examen des voies ferrées, actuellement à l'étude ou en cours d'exécution au Congo supérieur, traitons des moyens de transport par voie fluviale, puisque nous quittons le chemin de fer des Cataractes à Léopoldville, autrement

GROUPE DE FEMMES BANGALA A NOUVELLE-ANVERS.

dit le Pool, pour utiliser les nombreux vapeurs qui sillonnent tous les cours d'eau de ce magnifique bassin hydrographique.

Les premiers vapeurs lancés sur le haut fleuve, dit M. Descamps, n'avaient qu'une capacité de transport de 5 tonnes;

les pièces qui les composaient avaient été transportées à dos d'hommes sur le chemin des caravanes, longtemps avant la construction du chemin de fer des Cataractes. Ils rendirent d'inappréciables services.

Le tonnage de chacun de ces bateaux, au nombre de douze, représentait 600 charges, pesant ensemble 23,500 kilos. Mais, durant les travaux de construction du chemin de fer, l'État augmenta sa flottille par le montage d'un vapeur de 23 tonnes et quatre de 40 tonnes. Le mouvement des marchandises prit un tel essor que, d'année en année, quelques nouveaux steamers prirent place dans le port de Léopoldville.

L'État seul possède aujourd'hui 32 vapeurs, avec tonnage de 40, 60, 150 et 350 tonnes ; d'autres jaugeant 500 tonnes seront lancés très prochainement. Étant donné le manque absolu de charbon de terre au Congo, tous ces steamers sont chauffés au bois et, de distance en distance, des dépôts de combustible sont établis et entretenus par les noirs à la solde de l'État.

Il arrive fréquemment que la provision de bois chargée sur le steamer soit épuisée avant d'arriver à l'escale. Le commandant fait stopper et débarque l'équipage noir pour couper du bois ; quelques instants aprés, le vapeur continue sa route. La consommation du bois est, pour les steamers de quelque dimension, de 40 à 60 stères par jour ; mais, pour éviter l'épuisement des forêts riveraines, l'État les fait reconstituer dans la même proportion que leur exploitation.

Les grands vapeurs assurant les communications entre Léopoldville et le Haut Congo sont aménagés pour transporter 32 passagers blancs, 260 à 400 passagers noirs et 150 tonnes de marchandises ; ce sont le *Brabant*, le *Hainaut* et la *Flandre ;* leur parcours est limité, car ils ont, comme station terminus, Bumba, poste important de transit situé sur le fleuve Congo en amont du Rubi, dont l'une des embouchures se trouve à Yambinga.

C'est à Bumba que sont débarqués les passagers et marchandises destinés au district de l'Uellé, ainsi qu'à la Province orientale, dont le chef-lieu est Stanleyville. Un vapeur partant de Léopoldville, à destination de Bumba, arrivera à Irebu, camp d'instruction du district de l'Équateur, le septième jour, à Coquilhatville le huitième, à Nouvelle-Anvers le onzième, à Umangui-Lisala, camp d'instruction, le treizième et enfin à Bumba le quatorzième jour, si les conditions de navigation sont normales.

FEMMES DE BLANCS

A Bumba, un certain nombre de vapeurs de 20 à 35 tonnes assurent le service des transports jusqu'à Ibembo, dans l'Uellé, et à Stanleyville, point extrême de la navigation fluviale. Un autre service est établi de Léopoldville vers le bassin du Kassaï ; les vapeurs affrétés pour ce service ont un tonnage de 50 à 80 tonnes, quittant le fleuve Congo à Kwamouth pour entrer dans le Kassaï, ils remontent jusqu'à Lusambo, terminus de la navigation dans le Sankuru, ou jusqu'à Luebo, sur la Lulua, affluent du Kassaï. Le Lualaba, l'Itimbiri, l'Ubangi, etc., sont de même parcourus en tous sens par les vapeurs, car il est à noter que les Compagnies commerciales elles-mêmes ont créé, pour leurs factoreries, un service spécial et régulier de transport. La flottille de l'État et celle de ces compagnies comportent, en 1903, 102 steamers.

Un service de courriers rapides vient d'être organisé entre Léopoldville et Stanleyville. A l'arrivée de chaque courrier d'Europe à Léopoldville, un steamer quitte immédiatement ce port pour Stanleyville. Le premier départ s'est effectué le 25 mai 1903 ; le steamer est rentré à Léopoldville le 26 juin, ayant ainsi effectué ce long trajet en trente-deux jours, aller et retour[1].

Enfin, pour signaler toute l'importance du trafic des ports de l'État, citons les chiffres officiels : il y a quinze ans, le mouvement des ports de Boma à Banana se chiffrait par 166,000 entrées et 164,000 sorties ; il dépasse aujourd'hui 500,000 tonnes annuellement, c'est-à-dire la charge de 50,000 wagons.

Nous avons dit, plus haut, que les vapeurs ne peuvent dépasser Stanleyville, où se trouvent les imposantes chutes Stanley-falls et où la navigation ne peut être que partielle. Il était nécessaire, cependant, de ne pas laisser sans communications rapides et régulières les contrées les plus productives du Congo, en même temps que les plus salubres.

Le projet grandiose de Cecil Rhodes de relier le Cap au Caire devait faire germer d'autres projets non moins grandioses. Quoique chacun connaisse le tracé de cette ligne d'environ 10,000 kilomètres de développement, il est utile toutefois de l'exposer pour une suite logique de notre sujet.

Le transafricain longitudinal reliera les rives de la Méditerranée au Cap de Bonne-Espérance.

Parallèlement aux gigantesques travaux hydrauliques menés

[1] *Tribune Congolaise.*

à chef dans la vallée du Nil, à Assouan et à Siout[1], les Anglais poursuivent, sans relâche, la construction du transafricain longitudinal reliant les bouches du Nil au cap de Bonne Espérance, cette colossale voie de trafic qui sera, en quelque sorte, le symbole de l'empire britannique africain.

Du côté nord, le transafricain longitudinal, qui a Alexandrie et le Caire comme points d'amorce, atteint un développement d'environ 2000 kilomètres.

Khartoum est déjà dépassé, et l'étude du tracé se poursuit via Fachoda, Lado et le lac Albert. A partir du Cap, la ligne est exploitée sur 2700 kilomètres jusqu'au Zambèze, qui sera franchi près des chutes Victoria. 4700 kilomètres sur 9300 sont achevés ou près de l'être ; l'anneau de fer qui, sur plus de 65° de latitude, reliera les points extrêmes du continent africain, représente encore approximativement 4600 kilomètres.

Le tronçon méridional rejoindra, dans un avenir assez rapproché, au travers de la Rhodesia, le fleuve Lualaba ou cours supérieur du Congo, qu'il longera à la descente par Muloungo, Kongola, Kasongo, Ponthierville et Stanleyfalls, dans l'État Indépendant du Congo.

Le tracé fixé par Cecil Rhodes reliait le Zambèze au lac Tanganika, au travers de l'Est africain allemand; il empruntera le territoire de l'État du Congo, en vertu de la convention de Bruxelles du 14 Avril 1902. 1605 kilomètres environ séparent Boulouvayo, le terminus septentrional de la ligne du Cap des Stanleyfalls ; de ce dernier point, le railway s'infléchira à angle droit vers l'est jusqu'à Mahagui, sur le lac Albert, distant de 775 km. Le projet actuel réussit donc à contourner

[1] Nous empruntons ces renseignements à la *Gazette de Lausanne* (20 juillet 1903).

le territoire allemand, qui serait cependant la voie géographique et la voie commerciale. Il y sera peut-être remédié par la construction projetée par l'Allemagne de la ligne de Dar-es-Salam à Oudjiji, sur le Tanganika, prolongée sur territoire congolais par le tronçon Albertville-Muloungo, entre le bord occidental du Tanganika et le Haut Congo.

Le Cap au Caire aiguillerait ainsi, sur ses rails, l'afflux commercial de la riche région centrale lacustre.

Pour compléter le transafricain longitudinal, la conception d'un chemin de fer transafricain ne pouvait tarder à surgir.

Nous avons mentionné déjà la ligne du Bas Congo-Matadi-Léopoldville ; nous avons également constaté la parfaite navigabilité du fleuve Congo, dès Léopoldville à Stanleyville, continuant ainsi la voie de pénétration au centre africain. Il s'agissait de prolonger cette voie en se reliant au tracé prévu par Cécil Rhodes. A cet effet, en Janvier 1902, se constituait à Bruxelles, au capital de 25 millions, une compagnie franco-belge qui obtenait de l'État Indépendant la concession de 1400 kilomètres de voies ferrées destinées à relier le haut cours du fleuve Congo aux lacs Albert et Tanganika.

Le cours moyen du Congo étant navigable de Léopoldville à Stanleyville, une première ligne de 750 kilomètres sera construite de ce dernier point, au travers de l'immense forêt de l'Aruwimi jusqu'à Mahagui, à l'extrémité septentrionale du lac Albert, un peu en amont du point où le Nil en sort, s'écoulant vers le nord.

De grandes difficultés attendent les constructeurs dans la traversée de l'interminable et luxuriante forêt franchie par Stanley ; l'intensité de la végétation la rend tellement inextricable, qu'on ne saurait en exploiter les richesses en lianes à caoutchouc qu'en la coupant par une voie ferrée.

Un second tronçon, de 100 km. environ, contournera les Stanleyfalls, entre Stanleyville et Ponthierville, à partir de laquelle le Congo redevient navigable jusqu'à Kasongo, d'où se détachera un dernier embranchement de 550 km. qui atteindra Albertville sur le Tanganika.

Ensuite de la construction du railway de l'Est-Africain allemand, de Dar-es-Salam au Tanganika d'une part, de l'établissement d'un raccordement entre les lacs Albert et Victoria, sur la côte orientale duquel aboutit le railway de l'Ouganda d'autre part, le Transafricain transversal reliera les bouches du Congo, les grands lacs de l'intérieur et le Haut Nil au littoral de l'Océan Indien, par une voie facile et relativement rapide, tour à tour fluviale et ferrée.

CHEZ LES TRAVAILLEURS

Les études sont complètement terminées sur le premier tronçon Stanleyville-Mahagui, et les travaux sont entrepris sur les premiers cents kilomètres.

Actuellement, une mission spéciale procède à une étude pour la prolongation de ce tracé, soit 300 km. de Mahagui à Redjaf sur le Nil, lequel serait conséquemment relié directement au fleuve Congo. Enfin, le Katanga est l'objet d'une étude identique pour la construction d'un chemin de fer partant du lac Kasali, et atteindrait la frontière méridionale de l'État, après un parcours de 450 kilomètres.

En voilà déjà suffisamment pour établir les progrès réalisés au Congo dans le domaine des voies de communication, puisque, depuis 1898, plus de 400 kilomètres de chemins de fer sont exploités, 1600 km. sont en construction et 1200 km. sont à l'étude.

Mais ce n'est là qu'une première partie du programme des travaux de pénétration que s'est imposé l'État Indépendant du Congo.

Non seulement les routes existantes, les sentiers, les chemins des caravanes ont été améliorés ou multipliés, mais la construction de routes pour camions automobiles est entreprise dans plusieurs provinces privées de voies fluviales ou situées hors du parcours des voies ferrées.

L'une de ces routes dans le Kwango, dont la construction est confiée au capitaine Carton, ne comportera pas moins de 500 kilomètres, c'est-à-dire la distance de Neuchâtel ou Lausanne à Paris.

Dans l'Uellé, les travaux sont sur le point d'être terminés ; la route de Dongu à Lado est déjà achevée, et plusieurs camions automobiles fonctionnent actuellement. Dans le Katanga, on vient d'achever la construction de routes carrossables, de même que dans le Lualaba-Kassaï.

Si l'on pense que ces routes mesurent huit, douze ou vingt mètres de largeur en plaine et quatre mètres en montagne, et que les matériaux et les vivres destinés au ravitaillement des Européens et des travailleurs sont transportés à dos d'hommes, on peut mesurer les difficultés inhérentes à de semblables entreprises.

Les camions automobiles dont il sera fait usage porteront 2000 kilos de charge, et leur vitesse ne dépassera guère huit ou dix kilomètres à l'heure ; ils sont construits sur un type spécial, en raison du peu de résistance des matériaux employés

MARCHÉ

pour le tablier des routes ; les roues de l'avant-train sont combinées avec celles de l'arrière, de façon à fonctionner comme un rouleau compresseur, évitant la formation d'ornières et maintenant la route en excellent état.

Voies fluviales sillonnées par de nombreux steamers, routes carrossables, routes pour automobiles, tout cet ensemble comporte un réseau nécessitant une liaison que les services des postes, du télégraphe et du téléphone doivent compléter peu à peu. Pour le moment, quatre lignes télégraphiques fonctionnent avec un développement approximatif de 1600 kilomètres, sans parler des essais de télégraphie sans fil, système Marconi, qui se font régulièrement depuis quelques mois de Banana à Ambrizette et jusqu'à Saint-Paul de Loanda, sous la direction de M. de Bremacker ; nul doute que des installations radiotélégraphiques assurent pour l'avenir les correspondances avec la Belgique et Boma, d'une part, avec Boma et les diverses parties du continent noir, d'autre part.

Pour la création des lignes télégraphiques au Congo, il a fallu tenir compte du milieu où elles devaient être installées. Les fils sont en bronze phosphoreux de deux millimètres de diamètre ; mais, afin de ne pas exciter la cupidité des voleurs, il a fallu les peindre en noir, car outre le système monétaire adopté généralement dans le Bas Congo, et qui est conforme au système de l'Union latine, les indigènes font usage du mitako, courte baguette de cuivre ou de laiton au moyen de laquelle ils procèdent à leurs transactions commerciales.

Pour la traversée des forêts et de la brousse, un passage de dix mètres de largeur a été pratiqué de manière à mettre la ligne, autant que possible, à l'abri des incendies. Sur les rives des fleuves, et pour franchir ceux-ci, des pilônes en fer mesurant quatorze, seize, même jusqu'à trente-sept mètres de hauteur ont été établis pour des portées d'un seul jet de 450 jusqu'à 700 mètres.

Les déprédations des noirs sont moins à redouter que celles des éléphants, qui, en se frottant aux poteaux métalliques du réseau, les démolissent fréquemment. Quant aux cabines téléphoniques, elles sont aménagées sur de hauts poteaux pour les mettre à l'abri des fourmis blanches, plus redoutables encore que les indigènes ou les éléphants.

Il ne serait pas admissible que là, où fonctionne le télégraphe et le téléphone, le service postal fût ignoré.

Au Congo, malgré les distances immenses à parcourir, malgré l'insécurité de routes rudimentaires ou de sentiers à peine battus traversant la brousse ou les forêts, par endroits presque impénétrables, l'État, ayant fait acte d'adhésion à l'Union postale universelle, organisa, dès sa formation en 1885, un service en rapport avec les besoins nouveaux.

Au point de vue intérieur, ce service est maintenant organisé de telle sorte que les correspondances sont acheminées jusqu'aux extrêmes limites de l'État, promptement et sûrement, en utilisant les divers moyens de transport dont il dispose, chemins de fer, bateaux à vapeur, enfin par porteurs.

Un service d'Europe se fait régulièrement tous les vingt et un jours, au départ d'Anvers, avec retour identique, par les steamers de la Compagnie Belge, service complété par quelques escales à Boma de navires d'autres compagnies, anglaises, allemandes ou portugaises, assurant ainsi un échange fréquent de correspondances. De 33,140 qu'étaient les échanges de lettres ou colis postaux en 1886, ce chiffre ascende pour 1901 à 372,000 dont 274,114 lettres. Notons encore que les lettres d'Europe ou des pays formant l'Union postale, à destination du Congo, sont affranchies avec 25 centimes, les cartes postales avec 10 cent., tandis que les lettres du Congo, à destination des pays de l'Union, doivent être affranchies par 50 cent. et les cartes par 15 cent. Cette différence s'explique par les difficultés des transports au Continent Noir.

Le commerce qui découle logiquement d'un ensemble aussi complet des services qui sont indispensables à son développement s'en est immédiatement ressenti ; en 1887 [1], le commerce spécial des exportations représentait une valeur de francs

[1] Descamps.

1,980,441 45 contre fr. 50,488,394 31 en 1901, soit une majoration de fr. 48,507,952 86. Le commerce général atteignait en 1901 54,000,000 en chiffres ronds contre fr. 7,670,000 en 1887.

S'agissant du commerce général des importations au Congo, et, quoique sans suivre la marche prodigieuse de l'exportation, il est en augmentation sensible depuis quelques années. En 1893, date dès laquelle une statistique est complète, nous notons fr. 9,175,000 contre fr. 23,100,000 en 1901, presque exclusivement en faveur de l'industrie belge.

Ces constatations si édifiantes, si encourageantes nous permettent de clore ce chapitre sans autres commentaires.

FEMME DE BLANC

CHAPITRE NEUVIÈME

Les produits de l'Afrique centrale.

Un pays comme le Congo, où la végétation est aussi luxuriante que variée, est nécessairement livré à l'exploitation de ses richesses naturelles.

La formation de l'État et sa reconnaissance, comme tel, par les puissances, devait provoquer la constitution de nombreuses sociétés commerciales; aussitôt les demandes affluèrent au siège du gouvernement central à Bruxelles, pour l'obtention de concessions de territoires, en vue de l'exploitation des forêts de caoutchouc et pour la création de diverses plantations. Or, l'État Indépendant ayant été proclamé légitime propriétaire du nouvel empire colonial, il s'agissait de procéder à une répartition de ses immenses territoires pour déterminer les concessions sollicitées par les sociétés sus-désignées, concessions de pleine propriété, cessions temporaires ou cessions moyennant un prix déterminé par le gouvernement. Certes, il existait au Congo, dès 1858, c'est-à-dire bien avant que l'État Indépendant proclamât sa souveraineté sur le bassin du puissant fleuve, quelques importantes factoreries dirigées par des trafiquants français, portugais et anglais qui s'étaient installés sur les côtes ou sur les rives des cours d'eau les plus rapprochés, s'occupant de la traite ou échangeant l'ivoire et le caoutchouc contre de l'alcool et des armes primitives, par conséquent peu utilisables.

L'intervention de l'État leur fut plutôt désagréable, à mesure que l'édiction de lois et règlements mettait un terme à la licence absolue qui régna durant les longues années qui précédèrent une prise de possession légale.

L'accueil bienveillant du pouvoir central facilita la création de sociétés belges et autres nationalités; les trois premières en date remontent à 1887.

Aujourd'hui, 48 sociétés belges et 14 sociétés étrangères, comprenant ensemble 486 factoreries, sont établies au Congo, opérant avec un capital global de 130 millions de francs et dont l'activité est régie par divers décrets du Roi-Souverain.

Les concessions varient selon l'importance des sociétés; quelques-unes d'entre elles se sont fusionnées; d'autres, ensuite d'arrangements conclus avec l'État, ont résolu d'exploiter d'un commun accord les domaines qui leur furent octroyés.

Il était urgent de limiter l'exploitation du caoutchouc et de réagir contre la destruction partielle de la liane productive.

Sa conservation et sa reproduction étaient tout indiquées, car les premiers trafiquants procédaient avec une imprévoyance telle que, sans une intervention officielle, la reconstitution des forêts fût restée lettre morte. Le latex ou gomme de l'arbre à caoutchouc se récoltait de deux façons; au moyen d'une incision faite à la liane, le produit s'écoulant de la fissure était recueilli dans des seaux; dans ces conditions, la liane subsistait et le latex se formait à nouveau.

Mais, pour obtenir un rendement plus considérable, les indigènes et les agents des factoreries s'avisèrent de couper purement et simplement les lianes, ou encore procédaient par abatis.

TYPE MONGO

Pour prévenir une dévastation irrémédiable, l'État prit des mesures rigoureuses et, par décret du 30 Octobre 1892, n'autorisa plus que le procédé de l'incision.

Puis, par décrets successifs, les mesures de protection s'accentuèrent, et aujourd'hui, dans les forêts domaniales ou autres, il est replanté 500 pieds de lianes ou d'arbres à caoutchouc par mille kilos de latex récolté durant la même période.

Nous avons vu, dans le chapitre précédent, que les steamers sont chauffés au bois, et nous avons indiqué la quantité extraordinaire de combustible que nécessite ce procédé; or, leur approvisionnement est autorisé moyennant une taxe annuelle déterminée d'après leur tonnage et leur vitesse. Quant aux particuliers, ils ne peuvent procéder à des coupes que pour leur usage propre et étant dûment autorisés par l'État ou ses représentants [1]. Les autres coupes demeurent subordonnées à l'obtention d'une concession d'exploitation par décret.

L'obligation de telles restrictions se justifie par la valeur immense de ces forêts. En 1887, le caoutchouc importé à Anvers ne représentait que fr. 117,000 ; l'année dernière, soit en 1902, ce chiffre ascendait à 45 millions de francs.

Mais, le caoutchouc n'est pas le seul produit donnant lieu à exploitation ; l'État a ordonné la création, dans les parties du territoire qui s'y prêtent, de plantations de café et de cacao. Plusieurs millions d'arbustes caféiers et quelques centaines de mille cacaoyers sont déjà plantés, et leur production est utilisée presque complètement pour le développement et la multiplication de ces plantations.

Un établissement central de culture a été créé à Eala, dans le district de l'Équateur, région éminemment favorable, tant en raison de sa fertilité que de l'égalité de son climat.

Peu à peu paraîtront, sur les marchés d'Europe, le café, l'huile de palme et le cacao du Congo, au même titre que le caoutchouc qui a supplanté les produits d'autre provenance.

Le caoutchouc, le café et le cacao n'alimentent pas exclusivement le commerce de l'État. L'ivoire est de toutes les richesses que recèle l'Afrique, celle qui a été le plus exploitée au début de l'occupation, car la grande valeur de ce produit permettait aux trafiquants de faire face largement aux premiers frais d'établissement.

[1] Descamps.

On a souvent exprimé des craintes au sujet de l'épuisement rapide des réserves accumulées pendant des siècles par les populations africaines qui avaient coutume d'enterrer le produit de la chasse à l'éléphant. Ces réserves, encore considérables, s'épuisent sans doute, mais des mesures ont été prises par l'État pour assurer la conservation des précieux pachydermes, dont le nombre est encore si grand, qu'il vit en troupeaux considérables.

La chasse en est interdite sur toute l'étendue du territoire de l'État, à moins d'autorisation spéciale et dans des conditions et à des époques déterminées. Est-ce à dire que ces mesures préventives empêchent les indigènes de pratiquer leur sport favori ? Non, sans doute, mais le but de la chasse est bien plus pour eux de pourvoir à leur alimentation, qu'à se procurer l'ivoire des animaux victimes de leur adresse. Il est à prévoir, cependant, que si les éléphants ne sont plus traqués, ils n'en abandonneront pas moins des contrées où la présence du blanc et son établissement à demeure fixe refoule dans des contrées moins accessibles les plus beaux types de la faune africaine.

Afin de donner une idée du poids de l'ivoire que peut produire un éléphant de forte taille, nous rappellerons qu'en 1897, à l'Exposition de l'État Indépendant du Congo à Bruxelles, Palais de Tervueren, on pouvait admirer une paire de défenses longues, l'une de 2 m. 60, l'autre de 2 m. 75, pesant ensemble 156 kilos.

C'est là une exception, mais on admet que le poids moyen d'une défense est de 30 kilos, soit 60 kilos la paire. Notons pour mémoire seulement les dents d'hippopotames, lesquelles ne pèsent que 2 ou 3 kilos, et dont le commerce est à peu près insignifiant.

CHAPITRE DIXIÈME

L'Élevage.

Le territoire de l'État étant sillonné par de nombreux et puissants cours d'eau et recouvert de forêts presque infranchissables, il est naturel que les indigènes se livrent à la pêche qui est très productive, et à la chasse, puisque le gibier est abondant.

Le poisson et le gibier de toute espèce constitue, avec la poule, le mouton et la chèvre, la base de l'alimentation des populations congolaises.

L'État, préoccupé de l'entretien de ses nombreux agents, et désireux de leur procurer une nourriture en rapport avec le climat, substantielle et en suffisance, ordonna la construction de fermes modèles, où serait pratiqué l'élevage du gros et petit bétail et de la volaille, en même temps que les agents, dans leurs postes respectifs, étaient encouragés à créer des jardins potagers et à y cultiver les légumes d'Europe, choux blancs ou rouges, choux-fleurs, salade, haricots, pois divers, chicorée, laitues, etc., tous produits qui, paraît-il, croissent aisément dans ce pays-là.

La patate remplace, au Congo, la pomme de terre ; diverses tentatives de cultures de cette indispensable céréale ont été faites, et ont donné des résultats encourageants. Il suffit, en

AVENUE DANS LES PLANTATIONS A NOUVELLE-ANVERS

effet, de l'initiative de quelques-uns, pour que la stimulation s'exerce un peu partout, et il y a, croyons-nous, peu de départs d'Anvers, sans que de nombreux colis de graines légumineuses soient expédiés aux agents de l'État par leurs familles, sans compter, évidemment, les envois officiels destinés aux grandes cultures et aux jardins d'essais comme Eala.

L'élevage s'imposait d'autant plus que le cheval, la vache et quelques autres animaux domestiques n'existent pas à l'état naturel ou aborigène au Congo.

Les sociétés privées, de même que l'État, peuvent cependant, à grands frais et non sans de nombreuses difficultés, créer des centres d'élevage, dont le succès est dès maintenant assuré. Alors qu'en 1885 on ne comptait au Congo aucune de ces stations, on en trouve 70 en 1902.

Et ce n'est pas seulement dans les résidences officielles que les agents peuvent compléter leur régime alimentaire par l'adjonction de viande fraîche de bœuf, d'œufs, de lait, de beurre frais; les agents eux-mêmes, envisageant la perspective d'une alimentation à peu près semblable à celle des populations européennes, se livrent à des expériences d'élevage, construisent de spacieuses basses-cours, et enregistrent, après quelques tâtonnements inévitables, un résultat encourageant.

Un fait caractéristique à citer, sans autres commentaires : Lors des fêtes du 1er juillet 1903, qui ont été célébrées avec un faste inaccoutumé sur tout le territoire congolais, à l'occasion du dix-huitième anniversaire de la fondation de l'État Indépendant, des concours de natation, de mâts de cocagne, de mâts de beaupré, etc., etc., furent organisés à Boma; comme prix à distribuer aux lauréats blancs et noirs, figuraient de très nombreux lots en nature, dont le correspondant de la *Tribune Congolaise*[1] parle en ces termes: « On croyait rêver à nos légumiers et à nos basses-cours de Belgique en voyant les beaux choux, radis ou céleris du signor Ribeiro et les superbes poules, canards, pintades de M. Minne. »

Le même numéro de cet intéressant organe, relate qu'à Nyangwé le poste de l'État possède actuellement une cinquantaine de têtes de bétail; plusieurs vaches laitières donnent, en moyenne, environ trente litres de lait par jour; on y fait du

[1] La *Tribune Congolaise* du 13 août 1903.

beurre qui peut rivaliser avantageusement avec le meilleur beurre des Flandres.

Banana et Boma, ports d'arrivée au Congo, Nyangwé, station située à plusieurs milliers de kilomètres, c'est-à-dire à peu près à l'extrême limite est du territoire, sont donc alimentées dans des conditions qui permettent aux Européens de résister plus vaillamment à la dépression morale et physique résultant du climat.

Et, il n'en est pas ainsi seulement au sud-ouest et à l'est, car les narrations qui nous sont transmises, à tous les courriers africains, nous rassurent absolument sur ce point capital. C'est ainsi que le fils d'un magistrat suisse détaché à Dungu, au nord-est de l'État, près des sources du Nil, affirme que, dans cette province si éloignée, d'où les lettres ne nous parviennent qu'après trois mois et demi de voyage, les vivres de toutes sortes se trouvent en abondance, et que la viande fraîche d'antilope ne fait que très rarement défaut. « Nous avons même, dit-il, de la bière à profusion, fabriquée et fournie par les différents chefs indigènes des environs, et qui rappelle beaucoup la bière d'Europe. »

Un autre compatriote, Neuchâtelois comme le précédent, nous écrit en date du 28 janvier 1903 de Bokula, district des Bangala, au nord-ouest de l'État: « Le manger ici est excellent, et on ne mange pas mieux en Europe. Tous les jours, les indigènes apportent deux antilopes ; nous avons du beurre, farine, vin, conserves de toutes sortes en quantité, plus des poules et des œufs, quelquefois du sanglier. Nous avons, en outre, un troupeau de moutons et de chèvres ; nous ne sommes pas à plaindre sous le rapport de la nourriture. »

Enfin, citons l'opinion d'un chef de culture, Suisse également, résidant à la Bombaie, poste important, au centre même de l'État, et dans lequel il est presque continuellement seul, mais ayant sous ses ordres environ 350 travailleurs noirs.

« Je n'aurais jamais cru, écrit-il, que l'on pourrait obtenir d'un noir qu'il fît une si bonne cuisine; pour vous donner une idée de ce que je mange, pas tous les jours évidemment, je reproduis le menu de mon souper d'hier: Potage à la poule; Gigot d'antilope, cadeau d'un chef; Patates frites; Ragoût de viande de chevrette; Beignets aux ananas; Thé, et une bouteille de vin de palme, également cadeau d'un chef. »

D'autre part, un agent de première classe, rentré en Europe il y a trois mois, et qui a séjourné au Lado, frontière du Soudan, nous a déclaré que, dans cette partie du territoire, le ravitaillement se fait lentement et péniblement, de sorte que les conserves alimentaires sont parfois avariées. Or, ce serait là une cause essentielle des diverses affections dont souffre le personnel blanc. Il constate d'ailleurs que la construction de routes automobiles dans l'Uellé et l'Aruwimi, et l'organisation de fréquents services par steamers, améliorera notablement la situation. Mais, nous le répétons, une saine et abondante alimentation est nécessaire pour supporter le climat du centre africain, comme aussi une hygiène rigoureuse.

Il nous a paru utile de mentionner ces divers renseignements, car il en résulte que de grands et constants efforts sont faits par l'État, par les Compagnies privées et par les agents européens eux-mêmes, pour procurer le confort et le bien-être qui font presque totalement défaut dans des colonies plus anciennes que l'État Indépendant du Congo.

Ce développement de petite culture potagère et de modeste élevage d'animaux domestiques s'accentuera d'autant plus rapidement, que le nombre de stations s'accroit dans de très grandes proportions. De 91 qu'était le nombre des agents en 1885, il est aujourd'hui de 1300, ce qui constitue, pour les noirs eux-mêmes, un exemple dont ils savent déjà apprécier la valeur.

Nous avons dit que le cheval n'existe pas à l'état naturel ou aborigène au Congo; on se demandera, conséquemment, quel est le mode de locomotion dans les contrées qui ne possèdent ni voies navigables, ni routes praticables.

Le bœuf, assez répandu dans le domaine de l'État, supplée

LE STEAMER « VILLE DE CHARLEROI » AVEC SES ALLÈGES

dans quelque mesure à l'absence des chevaux; des essais d'emploi de ce ruminant pour le trait ou le bât, même pour la selle, ont donné d'excellents résultats.

Aussi comprend-on que plusieurs stations d'élevage prennent une importance d'année en année plus considérable.

La chèvre et le mouton sont très abondants, de même que les poules; tous les postes de l'État sont abondamment pourvus de ce précieux moyen d'alimentation. Le canard domestique ne se trouve que dans les régions dont les habitants ont un commerce suivi avec la côte; il est d'origine européenne. Le canard sauvage abonde également. Quoique moins répandu que le mouton et la chèvre, le porc se trouve dans tout le centre et le sud du territoire [1]. Il fait défaut dans le nord et l'est, où la religion musulmane semble avoir été la cause de sa disparition ou de sa non-introduction.

En Afrique, le porc a un rôle tout spécial; c'est comme le chien en Turquie. Il est chargé de la propreté des alentours des villages; aussi, les Européens ne font-ils entrer dans la variation de leur alimentation que la chair des porcs très jeunes ou dont ils ont surveillé l'alimentation.

En revanche, le noir, qui ne s'arrête pas à si peu, est friand à l'excès de la viande de porc. C'est pour lui la plus chère, celle qui est de tous les festins. Dans certaines contrées, l'importance d'un marché est cotée au nombre de porcs abattus et débités, et c'est pour les vendeurs une importante source de profits.

Pour terminer cette nomenclature qui donne une idée de ce qui constitue la nourriture du blanc au centre africain, citons les pigeons de provenance européenne.

Ils sont très prolifiques, mais perdent toute habitude de s'éloigner du pigeonnier, fait que l'on attribue à la présence des nombreux oiseaux de proie qui peuplent les forêts.

Outre ces produits domestiques, le poisson et le gibier forment un apport très appréciable à la table de l'Européen.

[1] De la Kéthulle de Rihowe.

CHAPITRE ONZIÈME

Les populations congolaises.

Coutumes barbares. — Cannibalisme.

L'anthropologie des populations de l'Afrique centrale est fort peu connue. Au surplus, la diversité des races congolaises est telle, que nous n'éprouvons pas la tentation de les énumérer toutes et de les étudier quant à leurs origines nombreuses et aux migrations multiples qui se sont traduites par l'agglomération actuelle.

Les dialectes sont aussi variés que les mœurs et coutumes des différentes peuplades. Mais, ce qui leur est commun à toutes, c'est le cannibalisme, lorsqu'il n'a pas été réprimé par l'intervention des blancs, le tatouage et la polygamie.

Les sacrifices humains, c'est-à-dire la mise à mort d'un certain nombre de malheureux pour célébrer un événement important, la mort d'un chef, par exemple, sont de moins en moins fréquents; une épreuve cruelle, celle de la casque, consiste à imposer l'absorption d'un poison violent à un prévenu se disant innocent d'un crime qui lui est imputé; s'il est coupable, le poison fait son œuvre et le misérable rend l'âme après d'affreuses souffrances; s'il est innocent, il résiste à l'épreuve ! Hélas ! combien n'ont pu proclamer leur innocence en supportant victorieusement cette épreuve?

Quant au cannibalisme, il semble qu'il est de plus en plus exceptionnel. Devons-nous croire les récits de ceux qui prétendent avoir assisté stoïquement à l'affreux spectacle d'un esclave auquel on brise bras et jambes d'un coup de matraque, sans le tuer, bien entendu, et dont le corps est ensuite immergé dans le cours d'eau le plus proche, la tête seulement hors de l'eau, puis laissé durant vingt-quatre heures, pendant lesquelles la chair s'amollit comme celle du poulet, et enfin livré au chef qui, avec ses femmes et ses guerriers, en font un plantureux repas ?

C'est affirmé par les premiers explorateurs du Continent noir, mais nous ne connaissons aucun cas de ce genre tout spécial, depuis l'occupation du pays par les agents du Roi Léopold II.

Ce qui est plus exact, même incontestable, c'est le cannibalisme réduit à la préparation de cadavres frais, qu'il s'agisse de noirs décédés par maladie, ou d'Européens morts en combattant. Il est généralement affirmé par tous ceux qui ont séjourné quelques années dans la grande colonie belge, que les indigènes anthropophages ne massacrent pas un blanc pour en faire un rôti, mais qu'ils trouvent si succulente cette chair spéciale, qu'ils ne dédaignent point les parties les plus charnues d'un ennemi tombé sous le coup des flèches ou des lances.

Devons-nous croire encore que sur certains marchés, des esclaves étaient promenés à travers la foule, et livrés à l'examen attentif des gourmets, lesquels choisissaient les morceaux de leur préférence et y apposaient une marque, et lorsque le corps de la victime était assuré par un nombre suffisant d'acheteurs, le malheureux était mis à mort et dépecé comme un animal ?

Il y a sans doute une certaine dose d'imagination dans ces racontars; néanmoins, il est certain que l'arrivée des Belges a dû jeter un trouble profond dans les us et coutumes de ces populations sauvages.

En effet, l'État poursuit énergiquement tout indigène qui est convaincu de pratiques barbares, et des instructions très précises sont données aux agents pour les réprimer.

Il ne faut pas se dissimuler, toutefois, que la suppression complète des coutumes barbares ne peut être, au jugement de tous les africanistes, que l'œuvre du temps. « Il s'agit, en effet, dit M. Descamps, d'une refonte des idées et des mœurs dans un milieu où les plus abominables pratiques n'éveillent aucunement l'horreur qu'elles nous inspirent. »

Les résultats acquis sont déjà si appréciables, que le Consul d'Angleterre au Congo l'a constaté dans des termes qui ne laissent aucun doute, quant à l'intervention continue de l'État pour la répression de ces coutumes.

Le cannibalisme fera, certes, parler de lui encore, mais des régions entières, comme le pays des Bangala, qui étaient les plus féroces parmi les anthropophages, s'abstiennent maintenant de tout sacrifice humain.

La haute philanthropie du Roi des Belges, inspirant tous les actes de l'administration de l'État Indépendant, aura raison, tôt ou tard, des derniers vestiges de cette barbarie, dont la suppression est à la base de l'œuvre royale.

Cet immense empire colonial suit une marche ascendante régulière; les imperfections qui existent encore dans l'administration de l'État feront place, peu à peu, à un fonctionnement normal et régulier de tous les rouages nécessaires pour atteindre un degré de civilisation applicable à ces peuples si intéressants.

SERVANTES DE BLANCS

CHAPITRE DOUZIÈME

L'esclavage.

La Conférence de Berlin assignait à l'État Indépendant une mission civilisatrice et humanitaire au premier chef : la suppression de la traite et de l'esclavage.

Les difficultés inhérentes à cette tâche furent nombreuses ; toutefois, la civilisation l'emporta. Depuis l'arrivée des Belges, les traitants arabes, pillards perfides et cruels, ont dû renoncer complètement au trafic de la chair humaine, mais après maints combats et maintes campagnes au cours desquels les agents de l'État se montrèrent les dignes émules du Roi-Souverain.

Certaines contrées, le Manyema, entre autres, avaient été complètement dépeuplées par la traite ; les routes parcourues par les esclavagistes étaient jonchées d'ossements humains. M. Édouard Foa, chargé d'une mission par le gouvernement français, raconte que, pendant un trajet de 400 kilomètres, il aperçut les squelettes des victimes tombées sur ce chemin fatal. Les plages d'Oudjiji et de Mtova, où se faisait l'embarquement ou plutôt le chargement des esclaves, étaient couvertes des vestiges du gigantesque commerce de chair humaine dont cette région était le théâtre.

Actuellement, le Manyema est tranquille, et l'on peut déclarer que, sur tout le territoire de l'État, la traite a absolument disparu, et sans retour possible. Ce résultat est d'ailleurs constaté par tous les résidents au Congo. Mais, est-ce à dire que l'esclavage a été complétement aboli ? Certes, l'esclavage tel que l'appliquaient les anciens chefs noirs, avec toutes ses cruautés, est supprimé ; cependant, l'extinction de l'esclavage domestique, tel qu'il existe encore partiellement, ne peut être acquise que graduellement et doit être l'œuvre du temps.

L'État n'a pu, comme il l'a fait contre les traitants, recourir à des mesures de rigueur ou de contrainte générale qui auraient provoqué des résistances et suscité des révoltes [1]. Mais, tout au moins, il s'est constamment attaché à saper cette institution coutumière. La législation civile ne connaît pas le statut servile, et n'accorde aucune sanction aux transactions dont un esclave serait l'objet.

L'esclave domestique, qu'il soit assujetti à un autre indigène ou à un non-indigène est, en tout temps, maître de sa personne et assuré de voir consacrées, par l'autorité, les revendications qu'il ferait de sa liberté. Une réglementation rigoureuse du contrat de louage de service n'autorise actuellement que des engagements à durée limitée, de manière à éviter que ce contrat ne dégénère en esclavage déguisé.

Par sa législation pénale, l'État réprime sévèrement tout acte

[1] Rapport au Roi-Souverain.

attentatoire à la liberté d'autrui ; mais, comme nous le disons plus haut, la suppression absolue de l'esclavage domestique sera l'œuvre du temps, c'est-à-dire que ceux qui possèdent des esclaves ne pourront, en aucune manière, remplacer ceux qui se seront libérés par rachat ou le travail, non plus que ceux qui seront morts.

La surveillance exercée sur les chefs qui possèdent ces esclaves est telle, que ceux-ci ne subissent aucun mauvais traitement.

Un jeune compatriote, au Congo depuis deux ans, nous écrivait récemment : « Ici, l'indigène est très fainéant ; ce sont les femmes et les esclaves qui travaillent. Vous serez peut-être étonné que je vous parle d'esclaves ; certainement, il en existe encore, mais je dois reconnaître que l'esclavage ne peut pas être aboli d'un seul coup ; il ne serait pas juste d'enlever à ceux qui les possèdent, ce qui constitue leur fortune. Mais, dans un temps plus ou moins long, il n'y en aura plus du tout, car les esclaves peuvent travailler pour les blancs et se racheter dès qu'ils ont acquis la somme nécessaire.

« Il est néanmoins certain, qu'actuellement, le commerce en est impossible. »

Dans ce domaine encore, l'État Indépendant du Congo se trouve en bonne posture vis-à-vis des Anglais qui appliquent les mêmes règlements et observent les mêmes ménagements à l'égard des indigènes qui verraient, assurément, de mauvais œil la suppression brutale, et sûrement imprudente, d'une coutume qui aura bientôt vécu.

CHAPITRE TREIZIÈME

Conclusion.

Au cours de cet examen rapide de la formation et de l'organisation de l'État Indépendant du Congo, nous n'avons pu mettre en relief tout ce qui a été réalisé au centre africain ; nous avons toutefois suffisamment constaté les résultats réjouissants obtenus par le gouvernement central de Bruxelles.

Et, avec M. le Chevalier Descamps, nous nous associons pleinement à cette juste appréciation : « L'histoire dira que Léopold II a été non seulement le véritable initiateur du mouvement africain dans la seconde moitié du XIXe siècle, mais l'instaurateur, dans l'Afrique équatoriale, d'un type de gouvernement aussi nouveau qu'admirable. »

M. Édouard Foa, l'illustre explorateur français, estime que l'État Indépendant deviendra la première colonie de l'Afrique, comme il est déjà actuellement la plus belle œuvre de colonisation qui y existe.

Quant au système de colonisation qui y est appliqué, l'un des principaux organes [1] de la presse allemande constate « que le système belge l'emporte de beaucoup sur les méthodes des colonies avoisinantes, tant au point de vue économique qu'au point de vue du développement de la civilisation à poursuivre dans les régions africaines ».

Complétons les éloges de M. Édouard Foa par la citation suivante, telle que nous la trouvons dans *La Traversée de l'Afrique* [2] : « Quant au Bas Congo, qui est moitié français et moitié belge, il est vraiment pénible pour nous de comparer actuellement les deux colonies. Quoique la largeur seule du fleuve les sépare, quel contraste! quelles différences frappantes! D'un côté — Congo belge — des vapeurs qui couvrent le fleuve; sur la rive, des fourmilières humaines, des villes qui s'élèvent, des navires en construction, des sifflements de locomotives, l'agitation, la vie, l'invasion européenne!

FEMME WANTAGO

« Sur l'autre bord — Congo français — une petite station avec quelques tirailleurs pour garder le pavillon ou bien une factorerie isolée : partout une solitude morne, laissant une impression de tristesse et d'abandon. »

...Et, plus loin, du même explorateur français : « Il n'est pas

[1] *Allgemeine Münchner Zeitung.*

[2] 1900, page 273.

nécessaire d'être grand prophète pour prédire au Congo belge un avenir brillant : non seulement il est riche par lui-même, mais l'industrie européenne quintuplera sa valeur. L'État Indépendant est déjà le plus important exportateur d'ivoire et de caoutchouc du monde ; il deviendra également, quand il le voudra, le principal producteur d'huile de palme, de cacao, de café, d'ébène, d'acajou, *en même temps que la première colonie d'Afrique ;* et, je ne parle pas ici des travaux qui sont menés, par les Belges, de front avec le développement commercial, travaux tels que colonies scolaires, essais pour améliorer les populations, chemins de fer, télégraphes, compagnies de navigation fluviale, etc.

« Par la fermeté avec laquelle a été conduite sa politique, par la sagesse et l'esprit pratique de ses règlements, par l'ensemble des efforts accomplis à la fois par le gouvernement et par les particuliers, par la confiance couronnée de succès que lui ont montrée les capitalistes européens, l'État Indépendant du Congo est la plus belle œuvre de colonisation qui existe en Afrique. »

M. Henri Lorin, un Français qui connaît à fond l'Afrique centrale, formule dans la *Revue des Deux Mondes* du 15 octobre 1903, son opinion au sujet de l'importance de la construction du chemin de fer de Matadi à Léopoldville ; il établit que le Congo intérieur, communiquant désormais avec la mer, peut écouler sur l'Europe toutes ses richesses, l'ivoire et le caoutchouc, accumulées en amont ; comme par le goulot d'une bouteille brusquement débouchée, ce flot roulera ininterrompu pendant des années, dont on ne saurait préciser le nombre. L'État Indépendant du Congo fut soudainement révélé à l'opinion, comme un pays fabuleusement riche, comme un authentique Eldorado.

Une opinion française, élogieuse également, est celle qu'exprime M. Leroy-Beaulieu, dans un remarquable ouvrage[1]. « Ce sera l'éternel honneur du Roi Léopold, d'avoir deviné l'avenir de cette partie du monde, de l'avoir préparé par d'immenses sacrifices, de ne s'être laissé envahir ni par la fatigue, ni par le doute qu'eussent pu susciter, chez un esprit moins ferme, les lenteurs et les mécomptes des débuts. Il méritera d'être compté au rang des plus grands souverains de ce temps, comme créateur d'empire. »

Les Anglais, qui mènent aujourd'hui une campagne impitoyable contre l'État Indépendant du Congo, trouvent cependant, parmi les leurs, des admirateurs de l'œuvre du Roi Léopold II : C'est le Révérend Holmann Bentley qui déclare que les Belges peuvent être fiers du rôle qu'a joué leur petit pays en Afrique.

C'est également M. Alex. Jacobson, qui affirme que « le Roi, avec une sûreté de vues, une hardiesse dans les moyens, une énergie dans l'exécution, a su développer méthodiquement son vaste domaine, au point de servir de modèle à ses voisins les plus experts dans l'art difficile de la colonisation. »

Ces éloges suffisent sans doute, puisqu'ils sont formulés par des explorateurs de diverses nationalités, et n'ayant aucun rapport direct avec l'État du Congo.

Nous donnerons, toutefois, la note belge, qui est aussi l'émanation de la vérité : « Réduisons tout à sa juste proportion, dit M. le lieutenant Devos ; blâmons hautement ce qui est répréhensible, mais louons aussi, sans restriction, l'idée générale qui a présidé à la formation de l'État Indépendant du Congo.

« A l'anarchie congolaise a succédé un État fort de ses droits et de ses prérogatives ; l'esclavage hideux n'est plus qu'un

[1] *De la colonisation chez les peuples modernes* (1902).

mythe ; l'horrible anthropophagie tend à diminuer ; les guerres de tribu à tribu, accompagnées de toutes les cruautés possibles, n'existent plus, et grâce au commandant Chaltin, les derviches, ces grands chasseurs d'hommes, sont depuis longtemps expulsés de nos territoires.

« Voilà l'œuvre morale accomplie par nos compatriotes sous l'égide de notre Roi. »

Nous n'affaiblirons pas la haute portée de ces jugements, dont l'impartialité contraste heureusement avec les accusations si péniblement échafaudées par l'Angleterre, accusations qui, selon la *Dépêche coloniale*[1] de Paris, ont fait sourire les gouvernements signataires de l'Acte de Berlin, auxquels elle a communiqué sa note.

J. BOILLOT-ROBERT.

[1] 19 Septembre 1903.

HUTTES INDIGÈNES AU MAYOMBÉ

NOS FILS AU CONTINENT NOIR

Introduction.

Que d'idées préconçues! que d'erreurs répandues au sujet du centre africain! La presse de certains pays, accueillant des racontars invraisemblables, voguant à la remorque des journaux congophobes anglais, se livre à un dénigrement systématique, autant qu'injustifié, de l'œuvre civilisatrice du Roi des Belges.

Mais la presse a, sans s'en douter, rendu un service inappréciable à cette œuvre, en provoquant des rectifications et en fournissant à ceux qui en sont les collaborateurs directs, c'est-à-dire à ceux qui, aujourd'hui même, résident au Continent noir, en leur fournissant, disons-nous, l'occasion d'exprimer, une fois pour toutes, leur opinion sur ce pays et sur l'administration qui y fonctionne.

Le public, induit en erreur par des informations boiteuses, est persuadé que le Congo belge est régi par des règlements barbares, appliqués par des bandes de fonctionnaires blancs, composant une légion étrangère quelconque. Ce public, ignorant la valeur des renseignements qui lui sont servis quotidiennement, admet de bonne foi cette confusion.

Cette opinion s'est peu à peu accréditée, grâce à une persistance inlassable. A en croire nos journaux, les gouvernements, dont les ressortissants sont admis à faire partie de l'administration de l'État Indépendant, à des titres divers, se rendent complices d'un enrôlement qui, dans certains pays, la Suisse en particulier, constituerait une violation de la Constitution. Certains organes vont même plus loin, car pour terroriser leurs lecteurs, ils accueillent, sans contrôle aucun, les racontars des agents congédiés ou jugés impropres au service d'Afrique.

Dans ces cas spéciaux, il ne s'agit pas toujours d'une manifestation de la vérité ; leurs impressions se ressentent, certainement, du dépit qui naît d'un retour prématuré en Europe ou d'un départ empêché par les exigences qu'apporte le gouvernement central, à Bruxelles, dans le choix de son personnel.

D'autres, au contraire, mûs par un sentiment de loyauté auquel nous rendons hommage, établissent l'inanité des critiques intéressées des premiers. L'État opère un choix des plus méticuleux ; il s'entoure de toutes les garanties possibles, ce qui ne signifie pas qu'aucune erreur ne puisse être commise au détriment d'excellents éléments.

C'est peut-être, ici, l'occasion de répondre, d'une manière générale, aux demandes que nous adressent fréquemment ceux qui s'intéressent à l'œuvre de la colonisation belge ; récemment encore, on nous demandait, officiellement, un certain nombre de renseignements au sujet des conditions d'engagement, par l'État Indépendant du Congo, des fonctionnaires civils, des militaires et des agents commerciaux.

Les fonctionnaires civils, ingénieurs, médecins, avocats et géomètres ne sont admis que sur présentation de leurs brevets ou diplômes respectifs. Les conducteurs de travaux, techniciens non brevetés, ne sont agréés que s'ils possèdent une pratique suffisante. Les chefs de culture doivent être porteurs du diplôme d'une École cantonale d'agriculture, par exemple Cernier, Neuchâtel ; Châtelaine, Genève ; La Rütti, Berne ; Strickhof, Zurich ; Écône, Valais ; Champ de l'Air, Vaud, et avoir étudié durant quatre semestres au moins. Tous ces agents font partie de la première classe.

NOS FILS AU CONTINENT NOIR

Les militaires ne sont agrégés, en Suisse, que dans des cas très exceptionnels ; il n'est, d'ailleurs, admis que des officiers instructeurs étant déjà parfois au service étranger, légion française, spécialement ; sauf erreur, il n'y a actuellement, au service congolais, que deux officiers suisses, l'État Indépendant observant rigoureusement les lois constitutionnelles et éliminant toute demande pouvant donner lieu à des réclamations de la part des autorités fédérales.

L'État prend à sa charge, pour tous les fonctionnaires civils ou militaires, les frais de voyage, dès la station de départ, en 1re ou 2e classe, suivant les grades des intéressés. Tous les traitements sont nets, l'État pourvoyant, au Congo, au logement, à la nourriture et aux soins médicaux de ses fonctionnaires, durant toute la durée du contrat, qui varie de deux à trois ans. Un trousseau complet est, en outre, fourni aux agents, dont le traitement initial ne dépasse pas 2000 fr.

Enfin, pour être admis, il est nécessaire de présenter un dossier complet, casier judiciaire, acte de bonnes mœurs, certificat médical, acte de célibat, et avoir atteint vingt et un ans au minimum, et trente-cinq ans au plus. Ces exigences ont permis à l'État de former, peu à peu, un corps de fonctionnaires comme peu de colonies en possèdent, ainsi que l'attestent les explorateurs étrangers ayant récemment parcouru le Congo belge.

En regard de ces exigences, l'État assure à ses agents un traitement des plus bienveillants et multiplie les garanties d'une loyale exécution des contrats qu'il lie avec eux. Il a même prévu le retour gratuit, en Europe, de ceux dont l'état de santé ne permet pas un séjour prolongé au centre africain[1].

Avons-nous besoin de dire que nous ne songeons pas à faire, dans cet ouvrage, une réclame au gouvernement de l'État Indépendant du Congo ! Il n'en a nul besoin ; mais nous tenons à détruire, une fois pour toutes, la légende qui représente le corps de ses fonctionnaires comme une identification de la légion étrangère de France.

En ce qui concerne la Suisse particulièrement, le Haut Conseil fédéral est exactement renseigné, et il interviendrait d'autant plus efficacement, si des abus se produisaient, que

[1] Article 9 du Règlement pour le personnel de l'État en Afrique.

M. le Consul Général de Suisse, à Bruxelles, fait partie du Conseil Supérieur de l'État du Congo. Ce dernier point paraît être absolument ignoré d'une partie de la presse suisse, sinon elle ne se prêterait pas si obligeamment à la propagation de renseignements erronés, sur les conditions d'existence des fonctionnaires en Afrique.

ARBRE TRONÇONNÉ A SHINGANGA

Notre but, en donnant ces indications, est de sauvegarder le bon renom de l'administration de l'État Indépendant, et l'honneur des familles dont les fils sont les collaborateurs de l'œuvre léopoldienne. Elle doit donc se modifier, l'opinion que la presse maintient, loyalement sans doute, par ignorance assurément, d'un Congo dantesque. Nos compatriotes relèveront le gant, sans que nous les y invitions; ils le feront sans contrainte, car les pages qui suivent sont l'expression *du vu* et *du vécu*, nos collaborateurs d'aujourd'hui, ignorant, d'ailleurs, la publicité donnée par cet ouvrage aux narrations sincères adressées à ceux qui ont bien voulu nous les confier. Cet ouvrage sera pour eux comme un salut de ceux qui, restés au foyer familial, attendent leur retour pour les accueillir comme de vaillants pionniers de notre civilisation, et ayant bien mérité de leur Patrie, car ils se font apprécier par les fortes qualités qui sont la caractéristique de notre peuple.

Mais nous ne saurions terminer ce préambule, sans exprimer notre affectueuse sympathie aux familles de ceux qui, là-bas, sous le sol africain, dorment leur dernier sommeil, loin, bien loin des leurs et de leur Patrie! Ils sont partis pleins de courage, entrevoyant une situation enviable, que beaucoup ont trouvée; la maladie les a terrassés prématurément! Leur œuvre fut incomplète, mais leur dévouement est de ceux qui inspirent l'admiration.

J. BOILLOT-ROBERT.

Notes d'Afrique

extraites du journal de M. Adrien Huguenin, agent commercial de l'État du Congo.[1]

Boma, 13 Mars 1902.

Partis d'Anvers le 13 Février, nous faisons escale à Ténériffe, après avoir embarqué à Southampton une trentaine de soldats et sous-officiers anglais se rendant à Accra; la mer était démontée dans le golfe de Gascogne; aussi, la table d'hôte était-elle à peu près déserte, aux quatre repas auxquels nous étions conviés. Sierra-Leone et Accra furent les dernières escales.

Le 27 Février eut lieu la fête du baptême de l'Équateur. Sans quelques distractions, la vie à bord serait plutôt banale; des

[1] Les notes de nos divers collaborateurs ont subi d'inévitables coupures, car nous avons laissé de côté ce qu'elles ont de personnel, ou ce qui est d'ordre intime. D'autre part, nous ne songions pas à les reproduire *in-extenso,* afin de ne pas donner un développement trop considérable à cet ouvrage; nous n'avons pu, toutefois, lier ces diverses narrations sans quelques répétitions, qui, si elles avaient été supprimées, eussent défloré l'originalité de nos manuscrits.

concerts, des jeux en commun, la correspondance, la lecture, enfin, nous font envisager la durée de la traversée avec philosophie. Comme le dit M. Picard dans son ouvage *En Congolie:* « Une paix cordiale et douce règne à bord. L'emboîtement aimable et la classification courtoise des personnalités et des habitudes se sont faits sous la direction d'un capitaine affable. Sauf moi, tout ce petit monde, soixante âmes, est en route pour aller vivre, au Congo, le terme réglementaire de deux ou trois années.

« Tous apparaissent sans morgue et sans charlatanisme, pénétrés du sentiment viril qu'ils vont être autre chose que les unités étroitement encaquées de notre activité serrée à coordination rigoureuse, à discipline impitoyable ; qu'ils vivront plus libres et plus maîtres de leur originalité ; qu'autour d'eux vont souffler de plus larges courants d'air.

« C'est le secret de leur courage et de leur discrète fierté, de leur caractère énergique et doux, des vues larges qui nimbent même les plus humbles d'entre eux. C'est aussi le secret des mirages qui ramènent au Congo, invinciblement, même ceux qu'il fit souffrir [1]. »

Telle est l'impression de M. le sénateur Picard ; ce peut bien être la bonne... Nous voguons jusqu'au samedi 10 Mars, date à laquelle nous atteignons le premier port congolais, Banana, puis Boma, la capitale de l'État Indépendant. Nous logeons à l'hôtel, jusqu'à ce que nous connaissions le lieu de notre destination. Tout d'abord, visite à M. le Gouverneur Général qui est très aimable ; nous lui demandons, un ami et moi, qu'il veuille

[1] Certains fonctionnaires de l'État en sont à leurs quatrième et cinquième termes, soit, respectivement, douze à quinze ans de séjour en Afrique ; très nombreux sont ceux qui contractent un deuxième et troisième engagement.

bien fixer notre résidence dans le Haut Congo, ce à quoi il accède avec bienveillance; nous ne partirons donc que dans quelques jours. Ici, où séjournent un grand nombre de blancs, la vie est trop semblable à celle d'Europe; je préfère voir ce curieux pays tel qu'il est, dans les régions lointaines.

...Depuis quelques jours, nous sommes disséminés dans les bureaux de l'intendance, jusqu'au moment de notre départ. L'État nous a procuré à chacun un *boy,* jeune domestique du

ESCRIME A LA BAÏONNETTE

plus beau noir; on m'informe que je suis désigné pour le poste de Popokabaca, province du Kwango oriental, où je n'arriverai qu'après plusieurs jours de caravane.

Le voyage de Boma à Léopoldville, par le chemin de fer, durant deux jours, est plutôt monotone; aussi, ne relaterons-nous pas les quelques incidents qui se produisent.

A Léopoldville, nous formons, mon collègue et moi, qui nous rendons ensemble à Popokabaca, notre caravane, laquelle se compose de vingt porteurs. Nous en partons le 19 Mars, à trois heures du soir. Les premières journées se passent dans de bonnes conditions : passages de rivières en pirogues, marches parfois aisées, parfois pénibles, couchant dans les huttes que les noirs mettent à notre disposition. Toutes les étapes sont réglées de manière à passer toutes les nuits dans des stations de l'État ou dans des villages indigènes. Nous restons deux jours à Bankana où nous arrivons le 25 Mars, car nous devons changer nos porteurs.

La faune de cette contrée est représentée par l'éléphant, le buffle, le léopard, les singes et les serpents de toute espèce ; mais il n'y a aucun danger à traverser la brousse[1] si ces animaux ne sont pas attaqués. Il en est d'ailleurs ainsi avec les noirs eux-mêmes. Nous sommes aussi en sûreté, seuls au milieu de centaines de noirs, que vous ne l'êtes à onze heures du soir dans les rues de vos cités européennes. Le long de la route, nous cueillons des ananas, des oranges et des bananes.

Encore trois jours de marche, de Bankana jusqu'au fleuve Kwango, puis, de là, en baleinière, pendant six jours, pour arriver au terme de notre voyage.

Popokabaca, le 13 Avril 1903.

Enfin, nous voici à destination depuis quatre jours ; un accès de fièvre, suite des fatigues du voyage, m'immobilise durant trois jours ; une transpiration active et un repos absolu suffisent pour me remettre sur pied.

Le trajet de Bankana est des plus pittoresque ; Mueni-Kundi fut notre dernière étape pour la route de caravane, car de cette station, nous remontions le fleuve Kwango sur une baleinière.

[1] Hautes herbes, mesurant environ deux mètres, qui croissent dans les immenses plaines du Congo.

Les rives sont bordées de forêts magnifiques et dominées par des montagnes dont l'aspect rappelle beaucoup la vallée du Doubs. Lorsque nous n'arrivions pas à aborder le soir à proximité d'un village où nous aurions pu coucher dans un chimbèque[1], nous couchions sur la rive — j'avais un lit de camp — et allumions des feux, pour éloigner les léopards qui abondent ici ; nous avions, dans notre chaloupe, des chèvres, qui étaient destinées à ravitailler Popokabaca; lorsqu'elles bêlaient la nuit, c'était comme un appel aux bêtes féroces ; aussi, sans nos feux, je crois que le matin il n'en serait plus resté beaucoup. Nous vîmes au moins de nombreux hippopotames dont le cri ressemble à l'appel d'une sirène de vaisseau. A Mueni-Kundi, un léopard passa à quelques mètres de nous, pendant que nous buvions le café sur la terrasse, avec le chef de poste qui en est à sa neuvième année d'Afrique ; il est resté absolument indifférent... plus que moi !

Popokabaca, étant le chef-lieu de la province du Kwango, nous avons quelques avantages. Nous sommes dix à onze blancs ; nous avons un docteur, et nous sommes très bien nourris : trois viandes à midi, et trois le soir ; le matin, des confitures, du café et du pain, ce que n'ont pas les petites stations. Nous avons beaucoup de poules et des chèvres, qui constituent les deux viandes principales. Comme boisson, un demi-litre de vin par jour : souvent des desserts, des fruits, naturellement, tous les jours. J'espère pouvoir rester ici le plus longtemps possible ; je me plais bien, le temps passe vite, car nous avons de l'occupation. Même, pour les agents civils, tout marche un peu militairement ; le matin à cinq heures, le clairon sonne le réveil ; à six heures, nous sommes tous sur la place pour l'ap-

[1] Hutte.

pel; c'est moi qui fais l'appel des femmes travailleuses au nombre d'une centaine ; c'était amusant de me voir embarrassé, les premiers jours, cherchant des noms comme ceux-ci, par exemple : *N'Suyilaho, N'Stukaluzole ;* après l'appel, nous déjeunons, puis travaillons jusqu'à onze heures et demie; à midi, le clairon nous appelle et nous dînons ensemble au *Mess,* maison spéciale pour les repas. Nous sommes libres jusqu'à deux heures et demie ; chaque jour, nous avons le café ; à deux heures et demie, contrôle de l'appel du matin et travail jusqu'à cinq heures et demie; nous sommes libres pour le reste de la journée ; sept heures, souper, les uns font la causerie, les autres vont se reposer. Le dimanche est un peu triste; il faut se distraire comme on peut ; j'en profite pour vérifier mon linge et écrire ; je préfère la semaine, car il n'est pas coutume de se réunir le dimanche, chacun reste chez soi. Comme travail, je m'occupe du caoutchouc et du payement des indigènes au moyen d'étoffes, de vaisselle, de poudre et de sel; c'est un apprentissage à faire pour savoir combien de brasses d'étoffe ou combien de perles j'ai à donner.

Je ne souffre pas trop de la chaleur ; la grande question, c'est la prudence et l'hygiène ; toujours sortir dans la journée avec son chapeau à double fond ou son casque colonial, pour éviter un coup de soleil. Je prends des bains tous les deux jours et me fais doucher, par mon boy, comme on nous le recommande.

Ce 12 Juin.

J'ai fait un pas en avant; le Commandant, voyant que je travaillais consciencieusement, a envoyé l'agent du *domaine privé* comme chef de poste à Kundi, et m'a confié la direction des magasins contenant la marchandise destinée au payement du caoutchouc.

Je remplis ces fonctions depuis le 1er Juin ; or, j'ai été autorisé à déménager et à prendre la chambre de mon prédécesseur qui est contiguë à mon bureau, de sorte que j'ai tout sous la main.

Le Commandant rentre d'une inspection de district qui a duré plusieurs jours ; en route, lui et ses hommes se sont trouvés en présence d'un troupeau de 15 à 18 buffles ; ayant réussi à en tuer deux, nous les avons mangés ici ; c'était délicieux ; nous avons mangé également un tout jeune hippopotame qui était d'une délicatesse étonnante.

NOS FILS AU CONTINENT NOIR ET LEURS DOMESTIQUES,
à gauche, M. Ad. Huguenin.

... J'ai déjà eu à constater quatre décès de noirs ; les enterrements sont assez bizarres ; le défunt est porté par quatre noirs sur les épaules ; à quinze mètres de distance, suit une femme seule, pleurant ou plutôt simulant les pleurs. Pour pleurer un mort, l'assistance chante, sur un ton lugubre, des choses absurdes qui n'ont aucun rapport avec le désespoir ; à quelques mètres derrière, la veuve ou le veuf suivent tous ceux qui sont du même pays ou du même district. L'habitude est d'ensevelir un noir avec toutes les étoffes dont il était propriétaire, en un mot toute sa fortune !

Mercredi 20 Août 1902.

Après une assez longue absence, le médecin est arrivé; j'en suis heureux, car il me relève de mes fonctions, le Commandant m'ayant prié de suppléer, ce que je fis durant trois semaines. Je passais la visite tous les matins, j'avais régulièrement une douzaine de femmes, quinze travailleurs et autant de soldats. J'avais soin de déjeuner avant la visite, sans cela je n'aurais pu manger. Ce qu'ils sont sales ! et ceux qui simulent ! Ils viennent et vous disent : « J'ai mal ici », en vous montrant le côté droit; je les faisais attendre un instant, puis, je renouvelais ma question ; comme réponse, c'était alors du côté gauche qu'ils souffraient ; ils ne se souvenaient plus que, quelques minutes auparavant, ils m'avaient indiqué leur mal du côté droit.

Je leur appliquais quelques claques, et pour compléter le médicament, j'inscrivais sur le livre : « punissable », ce qui leur valait vingt-cinq coups de chicotte pour l'appel du lendemain matin. C'est le seul moyen à employer avec les noirs, car c'est une profonde erreur que de les prendre par la douceur. Si l'on est aimable, ils se figurent qu'on les craint ; j'en eus la preuve avec les travailleurs que j'ai sous mes ordres, pour les travaux de mes magasins à caoutchouc. Les premiers temps, je fus d'une douceur angélique ; alors, ils ne travaillaient plus ; ils ne se dérangeaient même pas à mon approche, quoiqu'ils fussent étendus à terre. Je m'aperçus bien vite que ma tactique ne valait absolument rien ; aussi, un jour, je me fâchai et je m'élançai sur eux les poings fermés ; ce fut une débandade ! Dès lors, cela marche ; il suffit d'élever la voix.

Je m'occupe toujours encore du magasin des vivres et de la direction de la cuisine ; je fais journellement le menu du midi et du soir ; en voici quelques-uns :

Soupe; Poules au sang; Ragoût, Choux-raves; Gigot de chèvre, Salade. Café à midi.

Soupe ; Beefteck, chèvre avec pommes de terre douces ; Aubergines farcies ; Rôti de chèvre. Thé le soir.

C'est toujours poules et chèvres, mais préparées sous différentes formes.

J'intercale de temps en temps des macaronis, des petits pâtés à la viande. Parfois, je me trouve embarrassé, lorsqu'il faut trouver trois viandes à midi et trois le soir, le choix est réduit. Enfin, j'invente des petits plats.

Cette semaine, il pleut ; c'est l'avant-coureur des fortes pluies et orages que nous aurons sous peu. La température se rafraîchira-t-elle ?

LES VANNIERS A VAN KERCKHOVENVILLE

Une chose curieuse à remarquer, et ce que le docteur constate également, c'est que les agents ayant habité des pays froids s'habituent beaucoup plus facilement au climat d'Afrique que ceux qui viennent des pays chauds, les Italiens, par exemple. Vous verrez les Scandinaves se porter ici aussi bien qu'en Europe; du reste, il s'en trouve passablement au Congo.

Panga, le 5 Septembre 1902.

... Vous serez sans doute étonnés de recevoir une lettre datée de Panga. Vendredi soir passé, arrivait à Popokabaca une lettre de M. le Commissaire du Roi-Souverain Cabra, demandant à ce qu'on lui fasse parvenir de suite 80 charges de riz et de poissons qui étaient en dépôt à Popokabaca, et lui étant destinées. Mon Commandant étant en route, je fus désigné pour remplir cette mission. Je fis séance tenante mes préparatifs de départ, fit charger la baleinière, et, samedi, je partais avec vingt-quatre pagayeurs Manianga, quatre soldats et un caporal comme escorte.

Le voyage sur le fleuve fut très pénible; le courant étant très violent par places, il arrivait que malgré les efforts de mes vingt-quatre pagayeurs, nous stationnions vingt minutes au même endroit. Où la profondeur du fleuve le permettait, je les faisais entrer dans l'eau et tirer la baleinière au moyen d'une corde. Je couchai trois nuits sur des bancs de sable, sous une tente. Le coup d'œil de ce camp entouré de feux et, sur les deux rives, de grandes forêts impénétrables est impossible à décrire. Au milieu de la nuit, je me levai pour jeter un coup d'œil au dehors. Nuit sans lune; par ci, par là, mes gens endormis; à deux pas de ma tente, mes soldats à côté de leurs fusils formés en faisceau, et, comme seul bruit troublant ce calme absolu, le cri de l'hippopotame! Un soir, je couchai dans la baleinière amarrée à un arbre; aussitôt la nuit venue, de nombreux hippopotames passaient à quelques mètres de nous. Je n'osai pas tirer, quoique étant à bout portant, car l'hippopotame qui n'est pas tué sur le coup se retourne contre l'agresseur, et ma baleinière eût été promptement chavirée.

Avant de continuer la description de mon voyage, je vous dirai que ni mes officiers du poste, ni aucun de nous ne connaissions le village de Panga, car c'est M. le Commandant Cabra qui désigne tous ces petits villages n'existant pas sur la carte. Tout ce que je savais, c'est qu'il me fallait remonter le fleuve Kwango jusqu'au fleuve Kwilu, en suivre la rive droite jusqu'au village de Panga. Celui-ci ne se trouvant pas sur la rive, non plus que d'autres, je ne pouvais me renseigner auprès des indigènes, n'en apercevant aucun. A un moment donné, je vis un sentier ; je fis stopper, et envoyai trois détachements de deux hommes à la recherche d'un village. Ils revinrent en disant qu'ils avaient trouvé Panga; je fis monter les charges, et au bout d'une heure et demie nous arrivions ; mais les indigènes, me voyant accompagné de mes soldats, crurent que je venais leur faire palabre[1]. J'eus une peine inouïe à leur faire entendre que je ne leur cherchais pas querelle ; nous nous tenions sur nos gardes, car il nous est interdit de tirer les premiers, à moins de prouver que nous nous trouvions en cas de légitime défense, sinon nous serions sévèrement punis. Le chef se décida enfin à venir me donner la main ; je couchai sur mon lit de camp au milieu du village, fusil chargé, mon revolver ainsi que mon poignard à côté de moi.

Ces noirs n'ont pas eu confiance, quoiqu'ils m'aient vendu des œufs et des poules contre des colliers de perles ; ils n'ont pas quitté leurs fusils en passant près de moi.

[1] La guerre.

Nous pensions donc être à Panga, comme le fait supposer ce qui précède, mais il n'en était rien. Ces indigènes ne connaissaient même pas le nom de leur village. L'un d'eux m'ayant dit que quelques blancs se trouvaient à trois heures d'ici, je lançai un billet à M. le Commandant Cabra et l'envoyai par deux hommes ; il était cinq heures du soir.

Je l'informais que me trouvant à Panga depuis le matin, j'attendais ses ordres au sujet des charges qui lui étaient destinées.

A onze heures et demie du soir, je fus réveillé ; je recevais l'ordre d'attendre là, mais il m'informait que je n'étais pas à Panga.

Assis sur mon lit de camp, je lisais la réponse comme un officier qui reçoit les ordres de la marche à suivre pour un prochain combat. A mes côtés, mes cinq soldats, fusils en mains et chargés ; quelques mètres plus loin, tous les indigènes groupés également, prêts à toute éventualité. Je maugréais de les voir si peu confiants ; je ne voulais naturellement pas faire mettre bas les armes, du moment qu'ils restaient armés. Enfin, la nuit se passa bien. Le lendemain, j'attendis vainement, lorsque à midi, je reçus un mot du Commandant Cabra me disant de venir le rejoindre avec toutes les marchandises. J'arrivai à Panga dans l'après-midi. Je fis chercher la baleinière qui était restée amarrée. Le Commandant est un homme charmant et très doux. Comme il désire conserver la baleinière pour quelques jours, il m'offrit de rester auprès de lui. J'en fus enchanté, mais comme je n'ai pas de remplaçant à Popokabaca, j'ai jugé préférable de redescendre demain par voie de terre. Je laisse dix pagayeurs ici, plus un soldat pour ramener la baleinière à Popokabaca. Je pars donc demain, escorté de dix soldats du Commandant, plus les miens et quatorze Manianga.

Panga fait partie du Congo belge ; jusqu'à présent les indigènes se croyaient Portugais, du reste, j'ai à quelques mètres de moi des soldats portugais; le commissaire portugais reconnaît, avec le Commandant Cabra venu en mission de délimi-

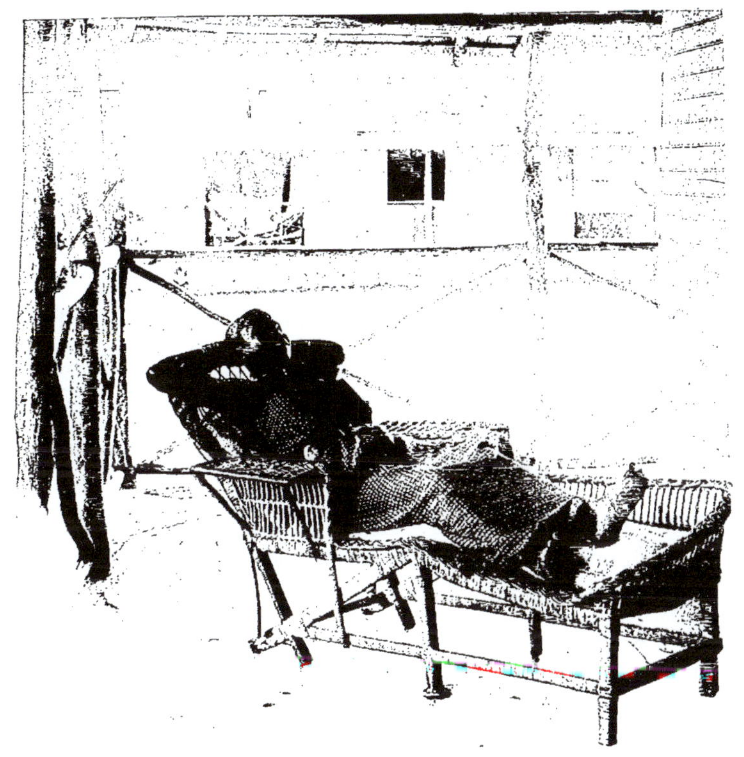

JEUNE FEMME DE BLANC A LA SIESTE

tation, que cette contrée est non portugaise, mais bel et bien belge.

Ce 7 Septembre 1902.

Sachant que le courrier pour l'Europe partait aujourd'hui à quatre heures, j'ai forcé la marche pour arriver à temps. Je partais donc hier matin de Panga, comme l'indique ma lettre datée de ce lieu, et suis arrivé à l'instant à Popokabaca, très fatigué. Tous les soldats et porteurs sont exténués.

Mon retour s'est bien effectué ; les indigènes étant avisés, au moyen du tam-tam, que je repasserais chez eux, la plupart s'étaient enfuis craintifs ; je trouvai sur le chemin six œufs et une poule, les pattes liées, mais point d'indigènes : c'était un cadeau qu'ils me destinaient.

Dinga, le 25 Octobre 1902.

Lundi soir, le 20 Octobre, le Commandant m'informa que je partirais le lendemain matin, à sept heures, pour me rendre à Dinga, remplacer le chef de poste qui vient à Popokabaca pour y subir des examens en vue de passer sous-intendant.

Je suis donc ici pour une dizaine de jours. Que la vie me paraît calme ! A Popokabaca, nous sommes dix blancs, plus environ deux cents soldats et trois cents travailleurs, tout ce monde donne de la vie. A Dinga, un blanc : c'est moi ! douze soldats, dix femmes et quatorze travailleurs ; une fois l'ouvrage distribué, je reste seul au poste.

Je profiterai de ce séjour pour écrire le plus longuement possible, car ici j'ai du temps disponible.

Dinga est un poste ravissant sur la rive du Kwango ; il est entouré des trois autres côtés par des palmiers magnifiques, ce qui en fait un décor charmant. Devant chaque palmier se trouvent des bananiers, et devant chacun de ces derniers des ananas, et tout cela ordonnancé avec goût et symétrie.

J'ai des fruits en abondance ; quant aux palmiers, j'en tire du vin de palme qui a le goût du moût ; c'est une bonne boisson et qui n'est pas nuisible. Avec les fruits du palmier, on fait également de l'huile de palme que nous brûlons dans nos lampes à Popokabaca.

Il est probable qu'un jour je viendrai habiter ce poste ou tout autre, car les agents ayant fini leur terme demandent à être remplacés ; or, s'il n'y a pas de chef de poste disponible, le Commandant envoie un agent ayant quelques mois de Congo. Je remettrais alors mon service à un jeune collègue, et il sera initié dans son travail.

Quoi qu'il en soit, je suis satisfait !

Dimanche 24 Octobre 1902.

N'ayant rien à dire de Dinga, parlons de Popokabaca.

Depuis six semaines environ, le docteur a découvert, en faisant ses promenades, un bel emplacement comme piscine de natation ; nous nous en donnons à cœur joie.

Nous avons deux singes provenant d'une succession ! L'un est tellement intelligent, que le Commandant a proposé que le plus ancien des agents l'achète, pour éviter les surenchères ; de cette façon, il appartient à la station. Au mess, au moment où l'on s'y attend le moins, il nous saute sur la tête et attend qu'on lui donne un morceau quelconque.

Un fait curieux à vous signaler : le perroquet d'un agent était allé faire la causette avec un groupe d'autres perroquets, devant l'habitation d'un second agent.

Le singe, passant par là, reconnut immédiatement celui qui n'était pas chez lui ! il le prit délicatement, et alla le déposer devant son domicile.

La vie à Popokabaca est agréable ; je continue toujours à me plaire, et si les deux autres années se passent aussi rapidement que celle qui s'écoule, mon terme de trois ans m'aura paru six mois.

Popokabaca, le 21 Décembre 1902.

Enfin, de retour ici depuis le 7 novembre ; parti de Dinga en compagnie du docteur, mardi matin, nous sommes arrivés vendredi soir, ce qui fait quatre jours et trois nuits.

Dans mon courrier, certain journal [1] contenait des articles sur le Congo.

Le premier article parle de ce qu'était le Congo, il y a bien des années, et critique tout. Aujourd'hui, l'indigène vient de lui-même apporter le caoutchouc dans les postes où se trouve un blanc ; ce caoutchouc lui est payé, donc ce n'est plus un impôt.

Au début, il a fallu évidemment les forcer à cultiver le caoutchouc ; en effet, ils sont tellement fainéants que, sans ce système, ils continueraient à se coucher du matin au soir, sans même supposer que l'on doive travailler. Le blanc travaille ; pourquoi donc ne demanderait-on pas aux noirs d'en faire autant, ce travail étant rétribué ? Outre cela, en venant vendre leurs produits aux blancs, ils s'habituent à traiter avec ces derniers, deviennent commerçants, apprennent à connaître les marchandises d'Europe. Tout cela, me semble-t-il, est un grand pas vers la civilisation.

Ils reçoivent du sel, des couteaux, des assiettes, en un mot, toutes choses qu'ils recherchent et qui leur sont utiles. Il est évident que si une contrée ne fournit rien, on n'ira pas trouver les indigènes pour voir de quel bois ils se chauffent ! L'homme est-il fait pour travailler, oui ou non ?

[1] L'*Impartial* de la Chaux-de-Fonds.

Quant au deuxième article de l'*Impartial*[1], je suis absolument d'accord ; j'ai logé aussi chez de grands chefs où je fus très bien reçu, où l'on me faisait cadeau de poules, œufs, vin de palme, etc. Ceux qui s'enfuient à la nouvelle du passage d'un

LIANES A CAOUTCHOUC. RÉCOLTE DU LATEX DANS LA FORÊT (LUSEMBO)

blanc, nouvelle qui se transmet au moyen de leur tam-tam qui s'entend à des heures de distance, sont ceux qui n'ont encore eu aucun rapport avec nous ; mais, au contraire, les chefs

[1] Nous réfutions personnellement les critiques et les attaques contenues dans l'article précédent, auquel M. Huguenin répond si parfaitement.

ayant eu l'occasion de nous voir, de nous causer, se font une vraie fête de nous recevoir; du reste, tous les grands chefs viennent, de temps en temps, accompagnés des habitants de leur village, faire une visite aux blancs les plus proches; c'est alors toute une cérémonie.

La semaine dernière, nous avons eu un nuage de sauterelles; elles ont passé durant deux jours; on ne s'en fait aucune idée; les soldats ont tiré à blanc pour les éloigner et pour qu'elles ne s'abattent pas sur les plantations de caoutchouc et de maïs. Elles se sont reposées une nuit sur des arbres environnant la station; ces derniers, quoique bien verts, étaient absolument bruns; de jeunes arbres ont même cédé sous le poids.

Popokabaca, ce 8 Janvier 1903.

Les fêtes de Noël et Nouvel-An se sont bien passées; à Noël, nous avons préparé un bon dîner; comme dessert, une crème ou plutôt trois crèmes: une à la vanille, une au chocolat et une au café, confectionnées par un agent qui s'y entend à la perfection. L'après-midi, nous avons organisé un tir. A Sylvestre, nous avions imaginé quelque chose de peu banal; nous avions, à cette occasion, préparé des flambeaux; à huit heures du soir, nous formions un cortège; les clairons-soldats, au nombre de six, ouvraient la marche. Derrière les blancs, suivaient la foule de noirs, soldats, travailleurs, femmes et enfants, jouant tous de leurs instruments bizarres, tam-tam, etc., en poussant des cris de joie. Lorsque les clairons étaient épuisés, nous entonnions *La Brabançonne*, l'hymne royal belge. Après trois quarts d'heure de marche, nous rentrons au mess; là, nous préparâmes un punch et continuâmes par une petite soirée, entre blancs, bien entendu. Comme nous avions mis cinq bombes en terre, nous y mettons le feu à minuit précises, et nous nous souhaitons une année aussi bonne que celle que nous finissions, et en désirant que la future passe aussi rapidement que la précédente.

Sur ce, chacun rentra chez soi, content d'avoir passé un si beau Nouvel-An congolais.

... Ce matin, pendant que j'étais au caoutchouc, mon boy

PÊCHEURS EN FACE DE BANZYVILLE

a voulu me faire plaisir en décorant ma chambre. L'idée n'était pas mal, mais, lorsque je rentrai à midi, je fus pris d'un fou-rire ; voici ce que je trouvai : Une gravure de calendrier, représentant un homme debout, et une femme assise au bord d'un steamer, était collée au mur ; mais, naturellement, les pieds en l'air ; une autre image représentant les Alpes, des sapins et un ours, gravures qui se trouvent dans les caisses de lait suisse stérilisé que nous recevons, de nouveau les sapins la tête en bas et l'ours les quatre pattes en l'air ; contre ma glace, un bulletin de vote neuchâtelois, rouge, blanc et vert, également ; une grande affiche, concert Bruant, idem, et quantité d'autres petites paperasses. Je comprends que l'on ne sache pas dans quel sens l'on doit placer une affiche lorsque l'on ne sait pas lire, mais, dès qu'il s'agit d'un tableau représentant soit des personnes ou des animaux, avouez qu'il faut être dépourvu de toute imagination pour les planter sur la tête ! Ma chambre paraissait donc sens dessus dessous !

Ce qui étonne le plus les noirs, c'est le moyen de se faire comprendre par écrit. Par exemple, un agent envoie son boy avec un bout de papier me demandant un objet quelconque ; je remets l'objet demandé après avoir jeté un coup d'œil sur le billet, et je dis au boy : « voilà ce que ton maître désire ! » Lorsqu'il s'aperçoit, qu'en effet, son blanc est satisfait, il me regarde tout ahuri, en se demandant comment j'avais pu savoir que c'était précisément cet article qu'il voulait. De même, lorsqu'au magasin, au milieu de mes femmes travaillant aux colliers, je lis un journal humoristique, je ris seul ; alors, elles se regardent, se mettent à rire également, puis il y a grande conférence ! Elles ne peuvent absolument pas comprendre, ou pour mieux dire, ne se font aucune idée de ce qui peut me causer cette gaîté en regardant du papier !

Nous avons ici des caméléons à profusion ; je m'amuse parfois à en fâcher pour les faire changer de couleur ; c'est très curieux ; d'un beau brun, ils deviennent vert clair, comme les robes de bal en soie ; c'est magnifique ! Nous ne les détruisons pas, en raison de leur utilité contre les insectes nuisibles.

J'apprends avec plaisir, par les derniers courriers, que nos jeunes Suisses se décident à venir au Congo ; y a-t-il rien de plus beau que de parcourir des pays nouveaux, plutôt que de se morfondre ou se décourager en restant dans un endroit où l'avenir donne tant à réfléchir. Ils n'auront qu'à y gagner, s'ils comprennent leur situation. Pourquoi donc le Suisse resterait-il en arrière ? Ne pouvons-nous pas, comme les autres pays, nous faire connaître et estimer à l'étranger ? [1]

Adrien Huguenin,
agent de l'État Indépendant.

[1] Nous pourrions poursuivre cette narration si intéressante ; mais nous devons, malgré nous, céder la place à d'autres collaborateurs.

CASE INDIGÈNE

Notes de M. Ami Grasset,
agent de première classe de l'État Indépendant.

Coquilhatville, mercredi 12 Novembre 1902.

Un des plus beaux postes de la rive, chef-lieu du district de l'Équateur ; j'y rencontre un Genevois, M. G..., qui est là depuis le 19 Août. Il est très content et se porte bien.

Nous quittons Coquilhatville à midi pour Nouvelle-Anvers. Le paysage ne change pas; les rives sont bordées par la forêt vierge, des palmiers, bananiers et lianes ; ici et là, nous apercevons un singe ; je n'ai pas encore vu de crocodiles ni d'hippopotames, car les eaux sont très hautes en ce moment, et nous avons tous les jours des tornades pluvieuses. Je trouverai encore des compatriotes à Lissala, Bumba et Stanleyville ; de là, je serai le premier [1] Suisse traversant le Congo dans toute sa longueur, soit d'une frontière à l'autre : c'est bien le plus beau voyage que l'on puisse imaginer.

[1] Notre jeune ami fait erreur, car d'autres Suisses sont depuis plusieurs mois dans la région du Tanganika.

Nouvelle-Anvers, jeudi 13 Novembre 1903.

Après avoir passé Lulonga, poste d'une Société du même nom, nous sommes arrivés à Nouvelle-Anvers. C'est un beau centre, très bien installé sur la rive gauche du fleuve. Nous y débarquons un adjoint militaire et un juge, et deux sœurs de charité qui ont fait le voyage avec nous depuis Léopoldville.

Nous passons la moitié de la journée ici et repartons à trois heures du soir.

Nous couchons dans un petit poste de bois. Un incident se produit le matin, à cinq heures. Habibu-ben-Selim, chef arabe qui se trouve à bord avec deux femmes, en envoie une chercher l'eau nécessaire aux ablutions. Elle est descendue à la roue derrière avec son seau, accompagnée d'une petite domestique, fillette de huit à neuf ans. Le pied doit lui avoir manqué, car celle-ci est tombée à l'eau sans pousser un cri; elle est revenue à la surface une fois ou deux, puis a disparu saisie par un crocodile; inutile de chercher à lui porter secours, car celui qui se serait jeté à l'eau, bon nageur ou non, aurait subi le même sort.

Ils sont généralement en bandes de trois ou quatre et sont très friands de la chair humaine; ils se rapprochent des steamers qui stationnent, dans l'espoir d'une aubaine qui, cette fois, n'a pas été déçue.

Le 15 Novembre nous arrivons à Mobeka, joli poste situé sur la rivière du même nom, à l'embouchure de celle-ci dans le Congo.

Nous repartons à midi, et allons coucher à Kuwungu; nous nous trouvons maintenant en plein district de Bangala, grande tribu célèbre par ses tatouages. La tête surtout est grotesquement tailladée, ce qui leur donne un aspect plutôt repoussant, mais ils se trouvent beaux; sur les épaules, les reins, le ventre, la poitrine, se retrouvent de multiples dessins très artistement tatoués. Spécimens de fort beaux hommes, bien bâtis ; les femmes sont vêtues d'un pagne fait en liane et attaché autour des reins; c'est leur seul vêtement. Les Bangala sont très amateurs de perles, de bouteilles vides, d'étoffes voyantes, et sont de fort bons commerçants.

Ils vendent du manioc, espèce de maïs sauvage, avec lequel ils font une pâte consistante appelée *chickwangue,* nourriture des noirs, du poisson séché, des ananas, papayes, espèces de melons très doux et très bons, des bananes et autres fruits des tropiques.

C'est très intéressant de les entendre discuter pour un mitako; ils sont très bruyants, crient et hurlent. J'apprends assez facilement leur langue, le *Bantu,* qui diffère de tribu en tribu. *Mondele* signifie *blanc, Mondele n'doki, blanc qui va vite;* c'est mon nom indigène, car tous les blancs ont leur surnom; par exemple, un nommé G..., qui est gros et gras, s'appelle *Mafouta mengi*, ce qui veut dire *beaucoup de graisse.*

Je dois encore apprendre le Kiswahili, langue parlée par les Manyema, tribu habitant le Kivu et le lac Tanganika, puisque je vais au célèbre lac où est mort Livingstone. Il y a également, le long du fleuve, plusieurs missions catholiques et des missions protestantes anglaises. Elles font, dit-on, beaucoup de bien parmi les indigènes, et bénéficient de la protection de tous les agents de l'État.

Nous sommes chargés de leur accorder aide et assistance dans toutes les circonstances. Je ne suis pas encore au terme de mon voyage, tant s'en faut. Nous serons mardi soir ou mercredi matin à Bumba, où nous changeons de steamer pour les Falls, Stanleyville ou Stanleyfalls, chutes du Congo ; de là, en pirogue jusqu'à Nyangwé, ensuite à pied jusqu'à Uvira, au nord du lac Tanganika, centre de l'Afrique.

Lundi 17 Novembre 1902.

Nous sommes arrivés aujourd'hui à Umangi, à trois heures

MA PIROGUE

après-midi, car nous avons dû faire du bois dans plusieurs postes et acheter la nourriture pour les noirs, c'est-à-dire de la chickwangue, du poisson séché et fumé, de l'huile de palme, des vivres frais pour le personnel du steamer, tels que œufs, salade, légumes, canards et poules, mais on ne trouve pas toujours tout ce que l'on désire.

Le fleuve est de toute beauté, surtout par un beau clair de lune ; l'eau calme miroite argentée, le coassement harmonieux et doux des grenouilles augmente encore les charmes de la soirée ; au loin, dans les nombreuses îles parsemées du fleuve, retentissent les cris plaintifs, comme ceux d'un enfant, d'un ou de plusieurs crocodiles; partout voltigent des mouches lumineuses de toute beauté ; l'effet en est à la fois magique et saisissant.

Nous passons Lissala où je trouve D..., de La Chaux-de-Fonds, aimable garçon qui en est à son deuxième terme, très heureux. Beau camp d'instruction militaire, ainsi que Umangi. Gens assez bien, mais affreusement tatoués et défigurés.

Bumba, ce 19 Novembre 1902.

Point terminus de la navigation des grands steamers sur le Haut Congo. Je rencontre ici M. L., de La Chaux-de-Fonds, très heureux de me voir, se porte bien ; M. H., de S.-G., avec lequel je devais partir, est mort à Lissala, le 31 Octobre 1902, des fièvres pernicieuses ; cela m'a douloureusement frappé. Beaucoup d'agents se rendent malades inconsciemment, à force de s'ingurgiter de la quinine, de l'antipyrine et autres médicaments quand ils croient être malades, et quand ils le sont sérieusement, les médicaments ne font plus aucun effet.

Nous quittons Bumba pour Stanleyville, sur la *Ville de Bruges.* Parmi les passagers, nous sommes encore douze blancs. Je serai l'un des derniers à destination, c'est-à-dire au Kivu. L'altitude y est de 1100 mètres, et c'est la contrée la plus saine du Congo, où vaches, moutons, chèvres, etc., abondent ; là-haut, le climat y est plutôt froid, matin et soir ; à midi, très chaud, mais à part la puce chique, peu de maladies graves à redouter. La puce chique est une vilaine petite bête, grosse comme la puce d'Europe, qui s'introduit dans les doigts de pied, y pond des œufs, et cause des douleurs et un chatouillement intolérables ; il faut les faire extraire par les noirs, qui sont très habiles ; puis on cautérise la plaie avec de la teinture d'iode. A ce propos, c'est le moment de vous dire que je possède une pharmacie de campagne assez complète ; il est bon d'être prévoyant. On est donc toujours en état de prévenir ou d'enrayer le mal en attendant l'arrivée du médecin qui est toujours avisé, et qui fait ses tournées régulières dans les stations où résident les agents de l'État. Selon l'avis d'anciens Congolais [1], il ne faut faire usage de médicaments qu'en cas de maladie véritable et ne pas prendre une simple névralgie pour une fièvre, et absorber force drogues débilitantes qui vous rendent d'autant plus sujet aux attaques microbiennes des différentes affections tropicales. Je me porte à merveille, et les agents qui viennent du Kivu me disent qu'un gaillard comme moi qui n'y fait pas son terme, c'est que je l'aurai bien voulu, et que ceux qui meurent sont le plus souvent, eux-mêmes, cause de leur fin prématurée, par suite d'abus de toute sorte.

Il est vrai qu'en Europe, les abus entraînent tôt ou tard une fin imprévue ; mais ici, la température des climats tropicaux aggrave sensiblement les chances désastreuses, en augmentant rapidement les premières atteintes du mal ; aussi, veillons-nous au grain !

.... Le Congo est le pays le plus beau que j'aie jamais vu et la forêt équatoriale est grandiose ; j'y ai fait quelques excursions ; pour cela, il faut suivre les petits sentiers des noirs, où

[1] Terme donné aux agents de l'État ayant renouvelé un ou plusieurs engagements.

l'on ne peut passer qu'à la file indienne, à travers les herbes appelées ici brousse, et qui ont à peu près trois mètres de hauteur. Des arbres gigantesques, sur lesquels gambadent des singes, des oiseaux d'une rare beauté, des lianes énormes entrelacées, un fouillis de verdure et d'exubérante végétation forment un rempart inextricable, dans lequel l'homme ne se fraye un chemin que la hache à la main. Ici et là, des passages plus grands, des arbres renversés et déracinés nous montrent clairement le passage des éléphants qui sont allés se désaltérer au fleuve. En effet, l'éléphant casse et brise tout ce qui est obstacle; il l'écrase ou l'arrache pour passer; il n'y met pas de façons et met en pratique l'adage : *ôte-toi de là que je m'y mette!* Ce qui est à craindre ici, ce sont les serpents, qui atteignent parfois la longueur de neuf mètres; toutefois, ils sont polis, car ils signalent leur présence par un sifflement, et l'on a toujours le temps de se retirer. Le léopard fuit l'homme, par contre, le buffle est assez vindicatif; l'antilope peuple la brousse, de même que des nuées d'oiseaux tous plus beaux les uns que les autres; je remarque, entre autres, le merle métallique, bleu et vert, le moineau jaune et rouge, le héron à aigrettes blanches, dont les plumes de la tête, en forme d'aigrettes, valent 800 francs le kilo.

Je rapporterai d'intéressantes choses d'ici, lances, poteries, objets en bois, plumes, instruments de musique indigènes. Le tam-tam si réputé est un tronc d'arbre creusé et vidé de telle manière, que l'une des parois est plus épaisse que l'autre; au milieu, une fente large de quinze centimètres, et c'est tout; en frappant sur les deux bords de la fente, au moyen de deux morceaux de bois, on obtient deux sons sourds et profonds que l'on entend de très loin; c'est la télégraphie sans fil. C'est ainsi que les indigènes font toutes leurs demandes de village à village ; par exemple, pour demander à un chef s'il a des poules, des œufs, etc., ils ont un langage conventionnel pour le tam-tam et s'en servent journellement. Ils sont assez intelligents, mais, malheureusement, très paresseux ; la nature, si prévoyante, leur a donné le manioc ; l'arbre à pain, le cocotier, le bananier, le goyavier, les ananas, les citrons, les oranges, les mangles abondent ici et leurs fruits sont excellents, surtout la mangle, fruit de forme allongée, exquis en compote. La goyave ressemble au melon, mais infiniment meilleure.

La civilisation se fait sentir partout, et pénètre peu à peu à l'intérieur ; grâce au contact des blancs, et sous la saine et courageuse initiative de Sa Majesté Léopold II, Roi des Belges, un pays immense et très peuplé, perdu jusqu'à ce jour dans l'ignorance, a vu s'ouvrir une ère de bonheur et de prospérité, fruit de la civilisation européenne. Honneur soit rendu aux courageux explorateurs, Livingstone et Stanley, qui, les premiers, sont venus planter ici les jalons de la civilisation et du christianisme !

Je suis heureux d'être au nombre de ceux qui viennent porter aux noirs de ces contrées lointaines, non seulement les produits et les avantages de notre progrès, mais aussi assurer et augmenter de jour en jour, dans la mesure de leurs forces, les bienfaits de la religion chrétienne, et leur faire comprendre l'immense amour de Dieu pour tous ses enfants terrestres. Je suis sûr que mon bien-aimé père m'approuve du haut des cieux, et il me semble qu'il est à côté de moi, me disant : « Mar-

MUSIQUE MILITAIRE A KASONGI

che courageusement! Tu as ici une belle tâche à remplir pour l'avancement du règne de Jésus-Christ, de la foi et de la vie éternelle ! »

L'État ne prélève pas d'impôts; tout le caoutchouc et l'ivoire exportés en Europe sont payés intégralement à l'indigène ; il ne se fait pas de travail ici, soit coupe de bois, ravitaillements, porteurs de caravanes, ouvriers et travailleurs de n'importe quelle catégorie qui ne soient payés selon les services rendus ou les marchandises livrées. Naturellement, les fainéants d'Europe doivent rester chez eux ; ils sont impropres au service d'Afrique, car, ici, on travaille ferme, de six heures du matin à onze heures et de deux heures et demie à cinq heures et demie, ainsi huit heures par jour. Les dimanches et jours de fêtes sont fériés, comme en Europe, et celui qui veut remplir son devoir y gagnera largement son pain.

... Nous passons ces jours de navigation sur le fleuve d'une façon assez monotone ; les rives du fleuve sont toujours les mêmes ; nous rencontrons deux steamers descendants : ce sont *La Délivrance VI* et le *Roi des Belges ;* ils vont à leur tour porter leurs marchandises, et reprendre les agents qui montent.

... J'atteins aujourd'hui 27 Novembre 1902, Stanleyville, poste du Haut Congo, Province orientale, un des plus importants du fleuve, car, de là, partent toutes les expéditions du Haut et du Bas Congo, ivoire, caoutchouc, copal, épices.

Samedi 30 courant, journée triste! nous enterrons un camarade, le lieutenant De Ceulener qui a succombé à une eurémie, maladie du foie. M. l'Inspecteur dit quelques paroles bien senties et fait l'éloge du défunt, ainsi qu'un premier sous-officier, camarade du disparu. L'enterrement est militaire et très imposant. Tous les blancs présents suivent le cercueil et vont rendre les derniers honneurs au camarade endormi. La vie est brève en ce monde, soyons toujours prêts !

Le 2 Décembre, nous allons coucher à Kutanga, poste situé sur l'autre rive ; nous commençons notre vie de nomade qui durera jusqu'en Février. Nous faisons monter nos puciers par nos boys, faisons cuire une poule avec un peu de riz ; comme vous voyez, nous nous soignons bien, car l'important est de se bien nourrir au Congo.

A propos de mon boy, je vais vous dépeindre celui qui est devenu mon domestique, toujours payé par l'État : c'est un jeune nègre de petite taille, tête assez stupide, bouche proéminante, plutôt maigre, les cheveux coupés aussi près de la peau que possible, l'air craintif, mais assez complaisant ; ce sera mon professeur en *Kiswahili*, idiome indigène parlé de Stanleyfalls au Kivu ; je le traite avec bonté ; je fais naturellement force signes pour lui faire saisir ce que je demande, et je commence à m'entendre avec lui ; je fais de rapides progrès dans la langue qui est la plus difficile de celles parlées au Congo. Tous les verbes se conjuguent dans la forme de l'infinitif, qui reste invariable, sauf toutes sortes de particules, mots et locutions placés avant ou après le verbe, pour faire savoir si c'est le passé, présent ou futur que l'on entend.

Nous allons au poste suivant, où un blanc nous reçoit très bien, un Italien qui est là depuis quatre ans ; il est en parfaite santé. Nous passons le 4 Décembre Kévu, poste indigène où nous achetons des poules, contre deux brasses d'étoffe, coutil ordinaire imprimé, deux brasses valant un doti, soit un franc à peu près ici.

L'État nous donne un doti par jour pour la nourriture fraîche et deux choboks, soit deux caisses contenant des conserves alimentaires pour notre entretien. Avec un doti, nous obtenons trois, quatre ou huit poules, donc une nourriture suffisante.

Le 7, nous passons les rapides de Ponthierville à pied, en contournant les chutes, et arrivons le même jour, dimanche, à cette station.

Ponthierville est un très beau poste, bien situé et fortifié, pour éviter les incursions des Arabes, très nombreux dans la région.

Le 13, nous passons à Kasuka. Ma santé est bonne ; nous mangeons force poules et des œufs ; nos caisses contiennent : beurre, farine, viande, poivre, sel, huile, vinaigre, lard, soupe Stauffer, genre Maggi, lait condensé, bougies, etc., tout en boîtes de conserves.

Nos boys font la cuisine et ne s'en tirent pas trop mal ; vie rustique et nomade pleine de charme ; quelques bouts de bois pour le feu ; là-dessus, les ustensiles en fer-blanc de la cantine ; on cuit sa popote en plein vent, dort et mange sur ses coffres, et on lève le camp tous les matins de bonne heure pour le remonter le soir ; vraie vie à la Robinson Crusoé !

Nous arrivons à Lokandu, le 16 Décembre, à six heures du soir, bon accueil de la part du chef de poste, qui nous souhaite la bienvenue. Nous y restons un jour pour mettre un peu d'ordre dans nos affaires et faire laver le linge. D'ici, nous avons encore trois jours jusqu'à Lendwé, nouveau poste de blancs. A Lokandu, on récolte le caoutchouc et l'ivoire ; les hippopotames abondent, ainsi que les singes, les perroquets gris avec queue rouge, les mangoustes, espèce de gros rats ayant une belle fourrure, serpents de toutes dimensions, fourmis et araignées énormes.

Quelle vie exubérante ici ! tout pousse, croit, crie, chante et loue la belle nature !

Parti le 18 Décembre de Lokandu pour Kongoa, poste indigène où nous devons coucher, je suis pris à mon arrivée par ma première fièvre, fièvre d'acclimatement qui est subite ; que m'importait dès lors la poésie, la nature, le monde même ; j'avais la fièvre, cette fièvre d'Afrique, qui, en moins d'une heure, abat l'homme le plus fortement trempé, qui paralyse

CUISSON DU LATEX ET DES GALETTES DE CAOUTCHOUC A LUSAMBO

tout ressort et toute énergie, qui le rend insupportable à ses amis les plus chers. Je l'ai eue deux jours et deux nuits consécutifs ! plus l'homme est vigoureux, plus elle est intense ; aussi j'ai été atteint sérieusement ; ma pharmacie était là tout à propos, thé chaud, antipyrine, quinine, purge, voilà tout ce qu'il y a à faire, et un repos absolu.

La caractéristique de cette fièvre est un violent mal de tête qui vous prend une heure avant ; puis, les frissons, tremblements et une faiblesse à ne pouvoir se tenir debout; enfin, la température augmente, la tête se gonfle et il semble que l'on va éclater. Cela dure jusqu'à ce que la transpiration apparaisse, qui accuse toujours la fin de l'accès; maintenant, tout est terminé et je me porte de nouveau comme un charme; les fonctions digestives sont bonnes, et c'est le principal; je suis maintenant fasciné par le Congo! les accès subséquents qui pourraient se produire sont beaucoup moins grave, et de plus en plus rares. Les premiers sont les plus mauvais.

De là, nous avons continué par Malongo et Kitengé sur Senduré, où nous restons jusqu'au 26, faute de pirogues, car un détachement de soldats, qui a passé avant nous, a pris tout ce qui était disponible.

Le 26 au matin, nous partons en pirogue, toujours pour Nyangwé.

Nous atteignons Kibombo, poste de blancs, cordialement reçus, et le lendemain nous devons marcher deux heures à travers la forêt et la brousse par un sentier indigène, pour contourner les chutes du Nyangwé. Ce sentier deviendra plus tard une belle route carrossable; on est en train de la construire. De Kibombo, nous arrivons à Piani Makita où nous logeons et repartons le 31 Décembre 1902. Nous arrivons enfin à Nyangwé à deux heures et demie après midi; poste admirable, sur une colline assez élevée d'où la vue embrasse une grande partie du fleuve amont et aval. Sylvestre se passe dans le chimbèke. Le lendemain, jeudi 1er Janvier 1903, nous allons ensemble présenter nos vœux de bonne année au Commandant du poste, ainsi qu'aux agents stationnaires. Après déjeuner, rechargement des bagages, et en route pour Kasongo.

Nous sommes arrivés aujourd'hui à Mwana Milongo, avant-dernière étape; je suis en très bon état de santé; la fièvre a complètement disparu ; ainsi, la nouvelle année a bien commencé au point de vue de la santé. Courage ! je l'ai, et je suis plein d'espoir.

Nous arrivons, le 2 Janvier, quatre blancs à Kassongo, terme final de notre navigation fluviale. En route, un poisson de douze à quatorze livres a sauté dans ma pirogue, au grand plaisir de mes pagayeurs qui l'ont mangé séance tenante. Visite au Commandant ; ordre nous est donné de partir, le lendemain, à sept heures. Donc, juste le temps de faire mes malles et emboiter le pas, derrière mes porteurs, sur la route de Kabambaré. Mon voyage se terminera à Uvira ; je compte y être pour le 1er Février. Aujourd'hui même, mon courrier d'Europe m'a dépassé et monte avant moi au Kivu.

Ce 3 Janvier 1903.

Kassongo est un beau poste situé sur le fleuve Lualaba. Le fleuve sera navigable, par steamer, jusqu'à Kassongo, quand on aura fait sauter les obstacles de Sendwé et Nyangwé ; il y a là des rochers qui entravent le courant ; les ingénieurs de l'État étudient la chose en ce moment.

Nous pensions nous reposer ici quelques jours, mais un ordre de M. l'Inspecteur d'État Costermans[1] réclame ses agents à bref délai. Nous partons donc aujourd'hui, à neuf heures du matin, par la route des caravanes, pour notre première étape, Mwana Punda ; distance, trois heures.

... Je suis à Lusangi, poste situé sur une assez haute colline, d'où je jouis d'une vue assez étendue sur le territoire montueux du Haut Congo, estompé dans le lointain par une ligne bleue

[1] Récemment nommé Vice-Gouverneur Général de l'État Indépendant.

dentelée indiquant le versant nord du lac Tanganika, et la ligne de démarcation entre les bassins du Congo et du Zambèze: on jouit d'un meilleur air.

L'on sait qu'au Kivu, altitude 1400 m., il y fait froid matin et soir, et le climat convient particulièrement bien aux Européens.

Aujourd'hui 10 Janvier, six heures du matin, nous partons, gais et dispos, pour Kaïbi Jalala, distant de cinq heures et demie ; nous y arrivons à onze heures du matin. Les chefs indigènes sont très accueillants et nous indiquent nos chimbèques: nous leur achetons bananes, œufs, chèvres, poules ; les indigènes d'ici sont de taille moyenne, mais très curieux de voir des blancs, un peu craintifs, surtout les enfants, mais très commerçants et retors ; ils exigent toujours davantage que ce que nous leur offrons, mais comme nous ne cédons pas, ils finissent par se lasser. Nous payons avec des étoffes et des perles. En somme, gens paisibles, mais assez paresseux ; avec le temps, on leur apprendra quelque chose, car ils sont très adroits de leurs mains. Ils font de jolis et très originaux ouvrages de vannerie. poterie, et travaillent très bien le fer.

Le jour suivant, nous atteignons Kabambaré, poste situé sur une colline; le soleil est chaud, dès dix heures du matin à quatre heures du soir; à part cela, climat frais, comme en Europe, soir et matin. Nous restons un jour pour nous reposer; au poste, il n'y a que deux blancs, un Commandant charmant, affable, et un commis de 1re classe, fin de terme qui s'en va la semaine prochaine. Il pleut, ce jour de repos, presque toute la journée. Le lendemain, départ à huit heures et demie du matin pour Lubilo, distant de cinq heures. Marche pénible, entrecoupée de collines abruptes et, naturellement, de petits marais dans lesquels il faut patauger!

Mais tout cela n'est rien encore; nous arrivons à Niembo et nous repassons la Luama, rivière large, à fort courant, que nous avons traversée une fois déjà à Kionga, avant Kabambaré.

De l'autre côté de la rivière, commence le grand marais dont la longueur est de vingt kilomètres. Le terrain se trouvant en contrebas du niveau des eaux, au temps des pluies, toute cette partie est inondée et l'on en a jusqu'à la ceinture, et par places même, au dire des noirs, jusqu'au cou.

M. WALTHER FAVARGER DANS LES PLANTATIONS

Nous venons de rencontrer deux blancs descendant du Kivu, et qui l'ont traversé ; ils ne sont pas plus malheureux pour tout cela ; c'est une mauvaise passe, étape un peu sérieuse ! mais bon courage, puisons de la vaillance dans une invocation, et tout ira bien.

Aujourd'hui 14 Janvier, marche à travers une multitude de petits marais, où nous en avons jusqu'à la cheville, quelquefois au genou jusqu'à Muminboka. Pays pauvre, villages indigènes peu peuplés ; le noir de ces parages est soumis et traitable avec les blancs. Nourriture fraîche, c'est-à-dire, poules, chèvres, moutons peu abondants, même rares. Les sultans, ou chefs de villages, viennent à notre rencontre et nous souhaitent en Kiswahili la bienvenue : *Swaheli sana bwana!* « Bonjour beaucoup, sur toi, maître ! » formule plutôt arabe, à laquelle on répond : *Marhaba!* « Merci ! » Les formules de politesse de ces pays sont plutôt arabes, vu la domination précédente des sultans de Zanzibar qui faisaient la traite, aujourd'hui sévèrement interdite et rendue absolument impossible, étant donnée la rigoureuse surveillance du gouvernement de l'État Indépendant.

Le pays a un aspect marécageux avec ses roseaux ; ici et là, quelques arbres, palmiers, bananiers, qui font ressembler le tout à un vaste verger entouré de collines bleuâtres, et généralement très peu boisées.

Niembo, 16 Janvier 1903.

Le sultan de ce village est un bien brave homme ; il m'a fait une claie indigène avec des bambous et des lianes tressées, pour remplacer mon lit de camp tombé en ruines : coût, deux dotis ou cinq francs. Nous avons eu, dans ce village, beaucoup d'œufs ; c'était un vrai régal, après avoir traversé trois villages où il n'y avait rien ; Lubilo, Muminboka et Kombo-Kombo sont des vrais camps de misère ; pas une poule, pas un œuf, ni pour or, ni pour argent. Mais ce village-ci me laisse un très bon souvenir : un excellent sultan, et le principal, nous pouvons nous procurer des vivres. Les indigènes de ces parages sont beaux, bien faits, sans tatouages et absolument soumis et paisibles.

Le lendemain, date mémorable ! j'ai pataugé à travers le marais de Kalembé-Lembe durant six heures et demie ; eau boueuse, pleine d'herbes et de roseaux.

J'ai plongé plusieurs fois; naturellement, de l'eau jusqu'au cou; par places, l'eau est si profonde que les noirs sont obligés de nager; pour les blancs, il y a une espèce de pirogue grossière, avec laquelle nous traversons la passe profonde. Le trajet est trop long pour un pont; du reste, on a essayé, mais le courant enlève tout; il n'en reste que quelques vestiges branlants ici et là.

Après cela, nuit très bonne, pas de fièvre, appétit excellent;

SALUT AU DRAPEAU, LE SOIR

nous continuons la route par toute une suite de petits marais; il faut, bon gré, mal gré, mettre ses abatis à l'eau; j'ai bon courage, car nous arriverons bien à bout de cette vaste plaine; nous allons ainsi, en serpentant le long de la brousse marécageuse, jusqu'à Kabinda, village indigène remarquable par ses chimbèques ou maisons en paille, les véritables paillotes indigènes; on se croirait chez les Esquimaux, s'il ne faisait pas si chaud. Pour entrer dans ces huttes, il nous faut ramper. Nous poussons deux heures plus loin, jusqu'à Kalonda; là, arrêt complet pour le nettoyage des membres inférieurs, et faire laver notre linge par nos boys. Le village de Kalonda est du même genre que Kabinda, même forme de huttes ; les indigènes sont bienveillants, village pauvre, du reste ; il ne fait pas beau ici, aussi partirons-nous de suite.

Au sortir d'une forêt, nous nous trouvons en face d'une petite rivière torrentueuse qui descend de la montagne ; grossie par les pluies, elle a un courant formidable. Les noirs essayent de passer, mais le courant est trop fort ; alors, quoi ! pas de pont ! mais il faut passer coûte que coûte.

Je demande des lianes aux noirs ; j'en assujettis une solidement au bout du tronc d'un arbre, et j'entre dans l'eau ; j'en ai du coup jusqu'à mi-corps, et c'est froid ; j'essaye de passer debout, mais le courant est si violent qu'il est impossible de tenir pied; je me jette à la nage et me laisse entraîner ; d'une main, je tiens la liane solidement, de l'autre, je lutte contre le courant et je réussis à atteindre un bambou de l'autre rive. . . enfin, je suis de l'autre côté ! Ah ! le blanc est pourtant fort, disent les noirs ! J'attache la liane, ce qui me fournit un point d'appui ; je reste dans l'eau, pendant trois quarts d'heure, pour aider à passer les bagages, puis nous attaquons la montagne, à travers la brousse, les pierres, un sentier presque à pic et glissant ; j'arrive le premier au sommet, soit à 1800 mètres, d'où l'on a une vue splendide sur le versant du Tanganika. Nous dévalons en bas le versant oriental et arrivons trempés à Kalembé-Lembe, à trois heures de l'après-midi.

M. l'Inspecteur d'État, notre chef, se trouvait justement là, et nous reçoit cordialement. Il me désigne pour Uvira, service administratif. Je serai donc au chef-lieu du Kivu, et c'est là qu'on est le mieux.

En attendant de me rendre à mon poste, M. l'Inspecteur me

fait rester à Kalembé-Lembe comme chef de poste, en remplacement du chef actuel qui sera absent une quinzaine de jours. Donc, mon entrée au service est d'être chef d'un poste, seul dans la brousse, au milieu des indigènes ; j'ai mes expéditions à faire, surveiller les plantations et le travail des indigènes, entretenir mon poste. M. l'Inspecteur est allé au marais de la Luana

VILLAGE INDIGÈNE SUR UN ILOT, A MABUNDU (PONTHIERVILLE)

pour chercher une nouvelle route, en attendant, je reste ici et je me repose.

Le climat est très sain également au Kivu ; c'est le meilleur pays en Afrique.

Kalembé-Lembe, le 22 Janvier 1903.

Je débute dans mes fonctions provisoires de chef de poste et ce n'est pas sans appréhension. Mon chef me donne, comme entrée en matière, un poste important à commander, Kalembé-Lembe, situé au pied du massif montagneux du même nom et à 1200 m. d'altitude ; ainsi, il y fait froid matin et soir, chaud à midi, beaucoup de vent venant du Tanganika, amenant la pluie et les tornades en cette saison. Le poste lui-même est sur une colline peu élevée, au centre de six villages indigènes qui sont, Kalembé-Lembe, Lulonga, Lukassi, Moela, Mondério et Lomina. Je m'occupe spécialement du transit des marchandises et des courriers pour Uvira et Kassongo. J'ai vingt et un soldats, vingt travailleurs et, naturellement, les indigènes comme porteurs de caravanes. Le transit est énorme ; j'ai reçu, en huit jours, six cents charges de porteurs, et j'en ai expédié quatre cents. Réception et expédition des marchandises, paiement des porteurs, surveillance générale. Seul, avec les indigènes, cela me plait beaucoup ; je suis, ici, aussi tranquille qu'à Lausanne ; pas un moment de crainte à avoir ; au contraire, les chefs indigènes montrent beaucoup de déférence dans leurs rapports avec nous. Du reste, j'apprécie mieux l'indigène qui n'est, en somme, qu'un grand fainéant, mais étant donné le bon fond des individus, à force de patience et de leçons, on parvient tout de même à les civiliser et à les former, de manière à en tirer quelque-chose. Je suis respecté ici comme un ancien, et je me perfectionne tous les jours dans leur idiome.

Ce 14 Février 1903.

J'ai quitté Kalembé-Lembe et suis arrivé hier, à Uvira, poste situé sur les rives du lac Tanganika.

Le voilà donc, ce lac si célèbre, le lac cher à Livingstone, qu'il aimait, entre tout, dans cette Afrique qu'il venait d'explorer ! En face de moi, à quinze ou seize kilomètres de distance, se distingue la presqu'île boisée et montagneuse de l'Ubuvari, rappelant à s'y méprendre notre lac et ses montagnes d'en face, le Grammont et la Dent d'Oche ; mais, le charme de la nature n'y est pas ; les pâturages manquent, et la neige n'existe pas ici. Une brise légère vous amène la fraîcheur ; il fait bon ici, comme chez nous l'été ; du reste, le pays est sain et l'altitude est de 850 mètres au-dessus du niveau de la mer.

Les bananes et le petit bétail y abondent ; on vit bien et on est heureux. Je suis dans le paradis de l'Afrique centrale.

Uvira est à l'extrémité nord du lac Tanganika et sur la route du Kivu. Ce poste, très bien installé, presque au bord de l'eau bleutée du lac, se compose d'un fort dans lequel je travaille ; il contient les magasins et l'habitation du commandant de la station ; derrière ce fort, se trouve une vaste plaine d'exercice clôturée par les maisons des blancs ; derrière les flancs des montagnes abruptes, par places verdoyantes, se trouvent de nombreux villages indigènes. Le pays est montagneux, sain et agréable ; en face, le lac épanouissant ses vingt-cinq kilomètres de largeur ; par un temps clair, nous distinguons très bien le poste allemand d'Usumbura, par où j'expédie mon courrier.

C'est donc ici que vont se passer environ trois ans de mon existence, dans ce coin ensoleillé et béni de la nature, au milieu d'une bande grouillante de porteurs noirs et de pagayeurs. Eh bien ! ces noirs finissent par me plaire ; grands, beaux et forts, ce sont de robustes gaillards, et l'on a du plaisir à causer Kiswahili avec eux. J'inspire le respect, et tous font place pour laisser passer le blanc.

Les populations ici sont très nombreuses, et nous avons des chefferies indigènes très puissantes ; leurs chefs viennent au fort avec les porteurs qu'ils ont à fournir pour les transports.

Ici, les jours s'écoulent rapidement ; voici l'ordre du travail :

de six à huit heures, travail ; de huit à huit heures et demie, déjeuner ; de huit heures et demie à onze heures et demie, travail ; de midi à deux heures, repas ; de deux à cinq heures et demie, travail ; à sept heures, souper ; huit heures, retraite ; neuf heures, extinction des feux.

Vie pratique, mais quelquefois pénible. Nous sommes douze agents à Uvira et tous ont assez de besogne ; le travail est incessant ; il s'agit d'améliorer la station, le ravitaillement des postes, le transport des marchandises en transit, réception, contrôle, expédition.

Le pays dans son ensemble est fort beau, montagneux et très accidenté ; les fauves abondent aux environs, tels que léopards, lions noirs, hyènes, chacals, et une variété innombrable de serpents.

Ami Grasset.

RETOUR DE CHASSE DANS L'ITIMBOU
Bœuf sauvage et son petit.

Notes de M. Bernard Junod,

chef de culture de l'État Indépendant.

A bord du steamer «Brabant», le 22 Avril 1902.

Me voici de nouveau en route; je viens de recevoir une commission du Gouverneur Général, pour me rendre au district du Lualaba-Kassaï, auquel je suis définitivement attaché, probablement à la station de Lusambo ou la Bombaie.

Le Kassaï est, au dire de tous les anciens Congolais, le district le plus sain, le plus beau et surtout, chose principale, celui où on est le mieux sous le rapport de la nourriture.

En ce qui concerne les indigènes Cassundis, comme on les appelle ici, je relève les notes suivantes : l'indigène de l'Équateur, à part quelques exceptions, est un homme plutôt petit de taille, et peu corpulent ; le visage est agrémenté d'un nez épaté, de lèvres épaisses et a quelque chose de bestial ; mais il est encore rendu plus affreux par ses tatouages et par la coiffure adoptée. Pour se coiffer, ils laissent croître leurs cheveux d'une certaine longueur, puis ils en forment des espèces de rouleaux, qu'ils imprégnent d'huile de palme et de goula, teinture rouge qu'ils obtiennent de l'écorce d'un arbre, et en forment une espèce de crête ; ajoutez, à cela, deux ou plusieurs tresses en forme de cornes qu'ils s'adaptent au front, ce qui leur donne une apparence diabolique.

Le corps, surtout chez les femmes, orné d'une quantité de tatouages, est également enduit d'huile de palme et saupoudré de goula, ce qui dégage une odeur désagréable.

Quant aux vêtements, ils sont des plus primitifs ; chez les hommes, une simple ceinture faite d'une ficelle et d'une bande d'étoffe qui leur passe entre les jambes ; chez les femmes, l'habillement n'est guère plus compliqué ; il consiste en une pièce d'étoffe prenant autour de la ceinture, et tombant jusqu'au-dessus des genoux ; tout le reste du corps est absolument nu. Quant aux enfants, ils trottent nus comme des vers. Tous ces indigènes vivent dans des huttes en bambous, recouvertes de n'délé, sorte de tuile confectionnée avec des feuilles de palmiers blaïs.

Leurs occupations consistent à cultiver le manioc, avec lequel ils font la chikwangue, les patates douces, les bananes, et à l'élevage des poules et des canards, dont ils vendent les produits en échange de mitakos, petites baguettes de cuivre, de perles, d'étoffe, etc.

A Coquilhatville, nous avions deux catégories de travailleurs, les Boussira, indigènes du district de l'Équateur, et les Bakussu, originaires du Kassaï.

Les Boussira ont absolument la même origine que les indigènes dont je viens de donner la description, mais ils en diffèrent complètement par les habitudes qu'ils ont contractées au contact et sous l'autorité des blancs.

La plupart d'entre eux se sont déjà beaucoup développés

par le travail, et là, vous trouverez des hommes bien musclés et à la taille assez bien prise.

Ils portent, tous, les cheveux courts et les coupent régulièrement. Ils ont bien, cependant, quelques fantaisies ; les uns laissent une bande crépue au milieu de la tête ; d'autres sur le côté ; d'autres encore réservent seulement une petite touffe. Tous ces gens-là sont très propres, et il y en a peu qui ne se lavent pas tout le corps quatre ou cinq fois par jour.

CANOTIÈRES NOIRES

Les travailleurs Bakussu, originaires du Kassaï, sont presque tous de beaux hommes ; il y en a même de très grands et forts. Beaucoup ont une figure agréable, et l'on peut même dire qu'ils sont très beaux. En général, ces gens-là ne portent pas de tatouages et sont, comme les Boussira, d'une très grande propreté. Les uns et les autres portent presque tous un habillement complet, soit pantalon et chemise, ou veston, vareuse, etc. ; bien rares, sont ceux qui ne portent qu'un pantalon ; quant aux souliers, ceux qui en possèdent ne les portent jamais que le dimanche.

Les femmes portent toutes indistinctement le grand pagne, large pièce d'étoffe qu'elles roulent au-dessus des seins et qui retombe jusqu'aux pieds. Autant une femme noire peut être belle avec un joli pagne, autant elle est gauche et ridicule, si elle s'affuble d'une robe à l'européenne. Ceci dit, je dois constater qu'il y en a, parmi elles, de fort belles. Tous les travailleurs sont logés dans des maisons en pisé, presque confortables.

Lusambo, le 6 Juin 1902.

Dans quelques jours, je partirai pour la Bombaie, à quatre heures de Lusambo, où je dirigerai des plantations de caoutchouc, principalement. Je serai seul avec mes travailleurs ; cette vie solitaire et tranquille est si agréable, ici, en Afrique. Je ne puis m'empêcher de rire quand on me recommande d'être toujours armé ! Vous me demandez qui veille sur mon sommeil? Il faut bien vous pénétrer de cette idée, c'est qu'ici, au cœur de l'Afrique, au milieu de ma bande de moricauds que je dois quelquefois mener un peu raide pour la faire travailler, ici, bien souvent éloigné de plusieurs heures d'une station, je suis plus en sécurité qu'en Europe où se commettent les crimes, les vols et autres faits relatés par vos journaux. Ici, je peux dormir sur mes deux oreilles, sans fermer la porte à clef, et mon revolver au plus profond de ma malle ; personne ne viendra m'importuner.

Du reste, le blanc est le chef ; il est le maître, et cela suffit ;

il est respecté. Il est certain que si vous allez en palabre [1] dans des contrées encore à peine connues, cela est différent ; mais pour moi, je n'ai rien à craindre. Ici, un seul animal m'effraye, et celui-là est d'autant plus redoutable, que vous n'avez aucune arme assez puissante pour vous défendre ; cet animal-là s'acharne, après vous, le soir, surtout pendant la saison des pluies ; c'est le moustique ! Heureusement que nous avons de bons moustiquaires, car une fois enveloppés et bien couverts, nous leur faisons la nique, et nous dormons comme des bienheureux.

Le fleuve Kassaï, que nous prenons à partir de Kwamouth, est très difficile pour la navigation ; les rives, comme celles du fleuve Congo, sont bordées de forêts vierges et de marais, où croît une brousse qui atteint une grande hauteur. Puis, à Bassongo, on quitte le Kassaï pour entrer dans un de ses affluents, le Sankuru, sur les bords duquel est situé Lusambo, station bâtie tout en briques avec toits recouverts de chaume, sur un joli plateau dominant le fleuve. Par sa situation, Lusambo est forcément un endroit sain, et, comme la nourriture y est très abondante, on est assuré de s'y bien porter. Notre nourriture ici consiste en pain, chèvres, poules, canards, gibier, poissons, fruits, légumes, etc., etc. Comme boisson, un peu de lait dans le café, au matin, puis du thé, vin, un demi-litre par jour, et du vin de palme. A la Bombaie, je serai comme ici à Lusambo, recevant chaque jour mon pain et ma viande fraîche.

La Bombaie, le 16 Juin 1902.

Me voici enfin dans mon nouveau poste, la Bombaie, situé à

[1] État de guerre.

quatre heures de Lusambo, chef-lieu du district de Lualaba-Kassaï, sur la rive droite de la rivière Sankuru, petite rivière de 250 à 300 mètres de largeur environ qui, comme toutes les rivières et fleuves du Congo, est remarquable par la quantité de bancs de sable qui encombrent son lit et en rendent la navigation très difficile. Le mode de navigation le plus employé est la pirogue ; ici, pour mon usage, j'ai une grande pirogue et une équipe d'une vingtaine de pagayeurs. Lorsqu'on y est habitué, c'est très agréable.

Les rives du Sankuru sont très escarpées et couvertes de magnifiques forêts ; cette partie du Congo est très montagneuse. Mon poste se trouve au bord de la rivière, à 5 ou 6 mètres au-dessus du niveau de l'eau ; il est formé d'un plateau de quelques hectares, puis, de tous côtés, la montagne richement boisée ; la rive opposée est un peu moins élevée, et il y a là un plus grand plateau, couvert également de forêts ; mais le poste n'y a pas été établi, certaines parties marécageuses étant une cause d'insalubrité.

J'y ai une grande forêt à surveiller et à entretenir, avec une plantation de 68,390 lianes à caoutchouc, sur une superficie de plus de 30 hectares. Je suis également près de deux petits villages où je puis, lorsque le besoin se fait sentir, réquisitionner une trentaine d'hommes pour me seconder dans mes travaux.

Le poste est assez bien établi ; j'y ferai encore quelques transformations, afin que tout soit à mon goût, et j'y serai heureux comme un roi. Mon habitation est construite en pizé et recouverte en chaume ; pour le pays, c'est excellent. Les maisons des travailleurs sont identiques, mais très petites.

Mon mobilier se compose d'un excellent lit en fer avec ressorts, table, chaises et un beau service de table de l'État, pour trois personnes ; le tout en fer émaillé et très propre. Quant à la nourriture, j'ai tout à souhait. Tous les deux jours, j'envoie un messager à Lusambo chercher mon pain, et presque chaque fois, on y joint des œufs.

Les poules me sont également envoyées de Lusambo. Lorsqu'il ne m'en reste plus que quelques-unes, j'en réclame, et, de suite, j'en reçois une vingtaine ; je reçois également de jeunes chèvres de trois, quatre ou cinq mois pour ma consommation ; je puis bien dire que je mange mon pain blanc, après avoir mangé le noir. De plus, il y a ici des pintades sauvages, et il

THÉORIE ET POINTAGE AU CHEVALET

me suffit de donner mon fusil à l'un de mes hommes, très bon tireur, lorsque je désire un plat extra. De temps en temps, je tire des pigeons et des canards sauvages, qui ne sont, certes, pas à dédaigner.

La Bombaie est un poste où l'on crée essentiellement des plantations de caoutchouc ; j'ai actuellement 300,000 jeunes lianes en pépinière ; ces lianes seront plantées en pleine terre dans la forêt, sinon toutes, du moins la plus grande partie.

J'ai également mille caféiers, mais le terrain ici ne leur convient guère ; cela représente environ 100 hectares de plantations de caoutchouc et environ 80 de caféiers.

Mon personnel se compose de cent travailleuses et travailleurs. Ici, les jours et les nuits sont d'égale durée, de six heures à six heures. Maintenant, les soirées, les nuits et les matinées sont très fraîches, et même quelquefois froides.

Je suis occupé à réparer des maisonnettes et à en construire des nouvelles, car, dans quelques jours, j'aurai une quarantaine de femmes pour l'entretien des caféiers ; j'ai énormément d'ouvrage à la forêt ; j'espère pouvoir y occuper tous mes hommes durant les mois d'août, septembre et octobre. Je dois mettre au pas mon personnel pour lui apprendre à travailler, et ce n'est pas sans peine ; je me fâche de temps en temps, je tempête, je hurle véritablement, et cela marche !

Il y a une quinzaine de jours, j'ai acheté un jeune perroquet auquel j'apprendrai à causer ; et Prosper ! vous en ai-je parlé dans ma dernière lettre ? Prosper est un âne, si âgé, que je l'attribue à l'époque de Louis XIV ! C'est la monture du poste, mais quelle monture ! pour le moment, il est couché vis-à-vis de ma vérandah, près du mât du pavillon, les naseaux dans le sable.

... Si parfois vous deviez être quelques semaines sans nouvelles, ne vous inquiétez pas. J'ai bien, quelquefois, un petit accès de bile, mais je n'ai jamais de fièvre. Du reste, j'ai réussi à les éviter en renonçant absolument au vin que je reçois pour le ravitaillement, soit un demi-litre par jour ; je n'absorbe plus que mon médical-confort mensuel, consistant en une bouteille de Porto ou de Bordeaux, et une demi-bouteille de champagne; comme boisson, je m'en tiens à de l'eau légèrement citronnée, ou du café et du thé.

Hélas ! dans ce pays-ci, impossible d'apercevoir ni lion, ni tigre, ni éléphant, ni autruche, ni buffle, enfin, rien que le Sankuru aux eaux boueuses, avec les montagnes et forêts qui l'entourent.

Ce pays a une singulière influence sur le système nerveux ! Aujourd'hui, d'excellente humeur ; le lendemain, sans motif aucun, vous avez une humeur massacrante ! Mon boy le constate chaque matin. Si je suis bien disposé, il lui arrive de négliger quelques petites choses, car il sait que je fermerai

CHEFS ET DOMESTICITÉ

les yeux ; en cas contraire, son service est fait dans toutes les règles.

... J'ai énormément à faire ces temps ; j'occupe plus de deux cents indigènes pour le nettoyage de la forêt ; je supposais, d'abord, qu'en défrichant 150 hectares, cela suffirait ; mais en me basant sur 1500 lianes à caoutchouc par hectare, il m'en faut 200 ; qu'importe d'en défricher 50 de plus ! J'écris au Commissaire pour lui demander du personnel indigène, et, immédiatement, il me l'accorde.

La Bombaie, 30 Novembre 1902.

Ici, tout marche bien; j'ai déjà 78,000 lianes à caoutchouc en pleine terre. Il y a quelques jours, j'ai fait une tournée dans la partie de forêt que j'ai plantée au début, et j'ai pu constater que la reprise se faisait très bien.

J'ai une vie beaucoup plus belle et plus intéressante qu'au pays. Ici, je suis indépendant; j'ai un beau poste; je crée des plantations nouvelles, j'entretiens celles qui existent, je fournis mes rapports et mes plans à temps, et à époques fixes; cette culture en grand m'intéresse.

Dans une petite pépinière, j'ai planté des graines de cacao. Depuis quelques jours déjà, les cacaoyers sont dehors et poussent très bien. Jusqu'à présent, toutes les tentatives faites par mes prédécesseurs, pour cultiver le cacao à la Bombaie, ont échoué; je crois qu'ils n'ont pas su choisir leur terrain... Aboutirai-je ?

Une seule chose me manque: c'est un cheval. Dans cette partie du Congo, il n'y en a pas. Mais dans l'Uellé, il y en a beaucoup, paraît-il; le grand chef Djabbir en possède, à lui seul, une quantité, et de magnifiques. Ici, il n'y a que des ânes. J'espère m'en procurer un, car, parfois, il est assez agréable de se faire porter.

Mais, passons à autre chose, et traitons la question des noirs, lesquels sont bien moins mauvais que vous ne le supposez. Je racontais, un jour, à l'un de mes hommes, que les gens d'Europe craignaient que je sois, une fois ou l'autre, tué par eux! Il poussa un cri qui vous aurait édifié, si vous l'aviez entendu.

Lorsqu'on a vécu un certain temps avec ces gens là, seul, absolument seul, alors, seulement, on peut les juger. Auparavant, je les voyais sous un aspect différent. Voleurs, soit, ils le sont; mais le blanc, qui, par cupidité, livre une guerre atroce à une population paisible, comme ce fut le cas des Anglais contre les Bœrs, ne sont-ils pas plus odieux que les nègres? Et tous les scandales financiers ou autres qui se produisent dans notre vieille Europe, sont-ce des nègres qui en sont les auteurs? Le blanc qui, depuis sa plus tendre enfance, reçoit des notions de droiture et d'honnêteté et qui y faillit, n'est-il pas plus coupable que le nègre sans instruction aucune?

Fourbes! trouverez-vous plus de fourberie que chez les blancs? Je suppose que durant votre carrière, vous en avez fait la triste expérience! Pour mon compte, je l'ai déjà faite maintes fois. Paresseux! certes ils le sont aussi; mais soyons équitables, et constatons que leur salaire est modique. En Europe, que font les ouvriers qui sont généralement bien payés? Pour revendiquer leurs droits, ils se mettent en grève, tandis que les noirs, quoique peu payés, continuent toujours à travailler. Et, s'agissant du mensonge et de la lâcheté, pour peu que l'on se prête à une étude comparative, on reconnaîtra que, sur bien des points, le blanc est plus mauvais que le noir[1].

Je suis persuadé que dans nos pays civilisés, pour mille crimes qui s'y commettent, il s'en commet un, peut-être, ici. Ce n'est pas que je tolère la paresse des noirs; non point, et je suis peut-être l'un des agents les plus rigides, quand il s'agit du travail.

S'ils ne sont pas plus payés, c'est que les ressources ne le permettent pas; avec le temps, leur salaire sera assurément augmenté. Il est bien entendu que les considérations que j'ex-

[1] Il va sans dire que nous reproduisons simplement cette appréciation.

pose ne concernent que les nègres d'ici, et non ceux d'autres régions que je ne connais pas, et dont je ne suis pas juge.

Le plus difficile à conduire, c'est le beau sexe, car certaines femmes sont de véritables démons !...

Bon ! j'ai derrière mon dos mon terrible perroquet ; lorsque je suis chez moi, et surtout quand j'écris, je suis sûr qu'il vient m'importuner. Dès que je quitte le travail, aussitôt assis, il se perche sur le dos de ma chaise, mordant ma ceinture jusqu'à ce que je le flatte ; alors, il se calme pour un instant, puis il recommence son manège. Il est très familier, et j'y tiens énormément; j'espère bien pouvoir l'emmener en Europe, car depuis que je l'ai, il est mon compagnon, et pas désagréable du tout.

Depuis ma dernière lettre, il ne s'est rien passé de bien marquant. Ah ! si, pourtant ; un léopard rôde dans la forêt, sur la rive gauche du Sankuru; samedi dernier, il a tué et dévoré en partie un noir. J'irai, sans doute, l'un de ces jours, lui donner la chasse. C'est assez dangereux, car ce sont des carnassiers peu commodes; enfin, si j'y vais, je prendrai mes précautions.

Ces temps, nous avons presque chaque jour des tornades ; il y a quelques jours, nous en avons eu une formidable. J'étais à la forêt, avec le sous-contrôleur forestier D...; le ciel était très beau, lorsque nous quittions le poste à deux heures ; mais vers quatre heures, il commençait à tonner dans le lointain, et quelques nuages noirs apparurent. C'est à ce moment que nous nous sommes décidés à rentrer au poste, dont nous étions distants de plus d'une demi-heure.

Jusque là, tout allait bien; mais nous n'avions pas fait cent mètres, qu'un vent d'une rare violence commença à souffler, et une véritable pluie de branches sèches et de lianes nous tombait sur la tête, et, cela, pendant une dizaine de minutes ; puis, après quelques gouttes de pluie, et au moment où nous débouchions de la forêt, ce fut un véritable déluge. Enfin, au moment où nous arrivions au poste, nous fûmes assaillis par une grêle formidable! C'était la première fois que je voyais ce phénomène au Congo; des grêlons aussi gros que des œufs de pigeons et qui, certes, nous frappaient violemment.

Et, comme couronnement, la foudre ne cessa de frapper les arbres tout autour de nous; nous fûmes heureux de nous en

TRAVAIL DES NOIX DE PALME AU MAYOMBÉ

tirer ainsi, car, dans des tornades aussi violentes, on court grand risque d'être écrasés par la chute des arbres.

Je commence à construire un nouveau poste; je prépare le terrain et les matériaux de construction pour ma maison; je fais débrousser également l'emplacement où je construirai le camp des travailleurs; j'ai de la besogne pour deux mois au moins. J'emploie les indigènes des villages environnants pour le débroussement et pour la fourniture des herbes destinées à recouvrir les toits.

J'ai des travaux qui épouvanteraient nos bons paysans d'Europe ; toutefois, cela ne nous émeut pas, car, avec un peu d'initiative, nous arrivons toujours à chef, non sans beaucoup crier parfois.

. . . Il y a quinze jours, j'eus la visite du capitaine Knitelius et du lieutenant de Bellevaux, et, dimanche dernier, je me rendis à Lusambo et ne rentrai que le lundi, le capitaine Knitelius ayant insisté pour que j'y passe la nuit. Les agents possèdent à Lusambo de superbes taureaux de selle ; nous résolûmes de nous offrir une course de taureaux. A quatre heures et demie de l'après-midi, nous enfourchions nos coursiers, et, jusqu'à six heures, nous parcourûmes les environs de Lusambo ; c'était la première fois que j'avais l'occasion de faire de l'équitation de ce genre ; ces animaux ont un trot qui n'est nullement désagréable, contrairement à ce qu'on pourrait croire.

Combien je voudrais en avoir un à la Bombaie ! mais, malheureusement, il n'y a pas de fourrage de bonne qualité. Quant à Prosper, mon vieil âne, il n'est plus possible de le monter ; il est trop vieux, et chaque fois qu'il fait une tornade, je crains de le voir enlever, car il est bientôt réduit à l'état de squelette !

. . . Pour le moment, outre mon personnel régulier, j'ai septante à quatre-vingts indigènes, qui travaillent ou défrichent, plus les femmes et enfants des villages environnants, occupés à me fournir le chaume pour les baraquements.

Avec tout ce travail, le temps passe rapidement, puisqu'il y a dix-neuf mois que je vous quittais.

La santé est toujours bonne malgré le surmenage ; j'engraisse plutôt ; il est vrai que je me soigne bien, et que je suis dans une des parties les plus saines du Congo. Quand je serai dans mon nouveau poste, ce sera encore plus salubre, car je serai sur une colline et éloigné de l'eau ; plus d'eau, plus de moustiques, et ce ne sera pas dommage !

En ce qui concerne le camp des travailleurs, j'ai déjà quarante-cinq cases, dont la charpente est terminée ou à peu près ; sous peu, il y en aura quatre-vingts.

J'ai trouvé un excellent moyen pour stimuler mes noirs ; c'est de les faire travailler le dimanche, si je les surprends à ne rien faire pendant les heures de travail ; rien n'ennuie plus ces fainéants, comme de travailler pendant que les autres ne font rien. Du reste, je ne puis pas me plaindre ; sans doute, il faut beaucoup crier, mais ils sont dressés depuis longtemps, et, dans la contrée, j'ai la réputation de n'être pas des plus facile, et je suis craint.

A ce propos, il y a quelques jours, deux mioches de cinq à six ans marchaient derrière moi, quand l'un d'eux dit à l'autre quelque chose que je n'entendis même pas ; mais ce que j'entendis bien, ce fut la réponse du second : « Fais attention, tu vas te faire donner de la chicotte ! as-tu déjà vu le blanc rire avec les noirs ? » Ce qui était amusant, c'était la manière et surtout le sérieux avec lequel ce mioche fit cette répartie.

. . . Le 1er juillet, j'étais invité à Lusambo pour fêter le dix-huitième anniversaire de la fondation de l'État Indépendant. Ai-je besoin de vous dire que nous nous sommes royalement amusés, et, si plusieurs n'ont eu ni plaies ni bosses, ce ne fut pas leur faute, car nous avons commis de véritables imprudences. Mais ici, on devient tellement indifférent au danger que l'on ne prend plus aucune précaution.

Nous avions organisé une course originale ! Représentez-vous une dizaine de blancs, montés sur de superbes taureaux, et partant à fond de train, car nous frappions nos coursiers à grands coups de chicotte ; déjà excités par le vacarme des tam-tams, des marimbas et autres instruments de musique indigènes, puis par les cris d'une foule de moricauds en fête et délirants de joie, la plupart des taureaux s'emballèrent dans les plantations de caféiers, d'autres se précipitèrent violemment contre les arbres, cherchant à démonter leurs cavaliers ! C'est un vrai miracle qu'il n'y ait pas eu d'accidents.

Le matin, il y avait eu régates en pirogues, pour les indigènes, d'une part, et pour les travailleurs et soldats, d'autre part; dans la deuxième course, chaque pirogue était montée par un blanc avec ses pagayeurs respectifs. J'avais seize pagayeurs, une pirogue de vingt mètres de longueur sur cinquante centimètres de largeur; vous pouvez vous imaginer si nous filions ! Je ne puis comprendre comment nous n'avons pas coulé ; la pirogue balançait comme une loquette sur le lac, par un joran très violent; à chaque coup de pagaies, l'eau entrait d'un côté ou de l'autre ; debout dans ma pirogue, je dirigeais mes hommes. Quoique n'étant jamais allé à une pareille vitesse, je n'avais rien à craindre en dépit de mon ignorance de la natation ; en cas d'accident, aussitôt à l'eau, tous mes hommes se seraient précipités pour me saisir, et ce sont des sauveteurs qui nagent comme des poissons.

... Mais, en voilà suffisamment pour mettre en relief les diverses phases de notre vie au Continent Noir.

Bernard Junod,

Chef de Culture diplômé de l'État Indépendant du Congo.

MISSIONNAIRES ET AGENTS DE LA FACTORERIE HORSÉLIA

Impressions d'Afrique,

par M. Pierre Monnier, de Genève.

J'arrive à Lokandu, poste coquet, commandant le fleuve, et en sécurité parfaite, à l'abri de ses fortifications et de ses tourelles en briques rouges. C'est véritablement depuis Stanleyville que commence le vrai Congo, et c'est à partir de ce moment que, commence la vie errante du voyageur. Je suis parti avec un haut magistrat de l'État Indépendant en mission, un juge dont voici le signalement : trente ans, grand, bien pris de sa personne ; il respire la force et la santé, sa figure énergique, rose et blanche, toujours heureuse et joviale, nous inocule la gaîté. Au moral, franc, carré, mais aimable et plein d'attentions, veillant à tout ce qui peut nous être agréable ; il représente, en son tout, le plus aimable, le plus sûr, le plus franc compagnon de voyage que l'on puisse rêver. Avec cela, connaissant à fond la langue ; flanqué d'une nombreuse domesticité, il s'occupe de tout, des ravitaillements, des campements, etc. ; pendant ces transactions, je suis tranquillement étendu dans mon « Stanley [1] », envoyant des bouffées du tabac de ma bonne pipe au ciel congolais ; je voyage comme un milliardaire!

Voici, en quelques mots, ce qu'est une expédition en pirogue et comment nous réglons notre vie: Notre pirogue, taillée dans un seul tronc d'arbre, mesure environ vingt mètres de long sur environ un mètre de large; au centre, un toit de feuilles nous abrite ; nos deux « Stanley » se font face, et entre nous, une table improvisée est couverte de pipes, de tabac, d'une éternelle cafetière et d'un jeu de cartes.

Nous réquisitionnons au départ une vingtaine de pagayeurs, que nous garderons, suivant les cas, de deux à six heures durant ; puis, parvenus à un village, nous congédions ces noirs et réorganisons une autre équipe ; c'est une sorte de dîme, d'impôt que doivent les indigènes riverains à l'État.

Depuis dix-huit jours, nous voyageons ainsi, nous arrêtant dans un village, ou même dans la brousse, vers dix ou onze heures du matin, pour préparer notre dîner, dont le menu est presque toujours le même : soupe à l'oignon, sardines, œufs, poule rôtie, bouillie au riz, sauce blanche, sauce mayonnaise, sauce chasseur, etc., et du dessert, gâteaux, confitures. De temps en temps, une antilope, don d'un chef au juge, un singe, un quartier d'hippopotame, un faisan accompagnent l'éternelle poule.

Maintenant, vous vous demanderez avec quoi nous achetons ces poules et ces œufs, où nous prenons le beurre, la farine, le lait, le café, les sardines ! Nous achetons la viande fraîche à l'aide de « dotti », le dotti valant deux brasses d'étoffe. J'ai, pour ma part, cinquante brasses d'étoffe ; c'est la seule monnaie en cours dans cette contrée, avec le sel et les perles; j'ob-

[1] Hamac.

tiens quatre poules ou vingt œufs pour un dotti, valeur deux francs cinquante ; dans quelques jours, nous aurons dix de ces gallinacés pour le même prix.

Quant aux autres vivres, nous en sommes largement pourvus, soit quatre immenses caisses de toutes espèces de conserves, lait condensé, beurre frais, sucre, café, thé, viandes, légumes, soupes, pickles, sauce anglaise, etc. ; nous avions également quarante litres de vin, mais il a distillé !

Dans le pays, nous nous procurons très facilement, ou en cueillons nous-mêmes, des bananes — deux bananes pèsent un kilo ! — des ananas, des tomates sauvages excellentes, des oignons. Nous mangeons des fruits extraordinaires et, dans quelque temps, nous aurons des cerises.

L'autre jour, en arrivant dans un village, le chef est venu nous trouver, nous suppliant de le débarrasser de deux éléphants qui ravageaient depuis quelques semaines ses plantations de bananiers. Nous attendons le lever de la lune, et, vers minuit, nous nous dirigeons, par des chemins impossibles, buttant contre des troncs d'arbres renversés, traversant des marais, vers le lieu de dévastation. Il y a là le juge, un de nos boys, trois soldats et moi ; à notre arrivée, nous voyons une masse noire s'enfonçant dans la forêt; au hasard, nous dirigeons un feu nourri dans cette direction, sans autre résultat que celui de faire déguerpir la grosse bête, et nous entendons, pendant longtemps encore, le bruit de sa fuite et de la chute des arbres qu'il couche ou qu'il abat.

Pour ma première chasse à l'éléphant, j'avoue humblement que je n'ai pas été fâché de la lâche détermination du pachyderme, et que j'ai préféré lui voir prendre une direction opposée à la mienne ; cela ne serait pas arrivé, s'il avait été blessé par notre décharge et, dans ce terrain défoncé, je ne vois pas très bien ce qui serait advenu, mais je crois que c'était plutôt téméraire.

Pendant le jour, les hippopotames se tiennent constamment dans l'eau, et ne sortent leur tête que pour venir respirer, mais fort peu de temps ; le tir en est donc très difficile, j'en ai néanmoins touché deux avec le pistolet « Mauser » à répétition, qui s'adapte à une crosse. Du gibier en quantité s'envole devant nous, car la pirogue longe la berge ; c'est le vrai para-

CAMP D'INSTRUCTION A LA LUKI

dis des chasseurs, et cela se passe au milieu du plus beau paysage que l'on puisse rêver. En faisant dix minutes de marche à l'intérieur des terres, on rencontre des troupeaux d'antilopes et de buffles, mais ces derniers sont tellement sauvages que nous les évitons.

Pour le moment, nous nous reposons dans un joli poste, dont le chef est un officier Italien, charmant, avec un blanc ; ce sont les premiers Européens que nous rencontrons depuis dix jours. Mais il serait fastidieux de narrer tout ce voyage. Je me bornerai à prendre au hasard quelques pages notées au crayon sur mon carnet.

Le 3 Février 1903.

Notre première étape n'est que de trente minutes ; nous traversons un tumultueux rapide, et les pagayeurs se mettent à l'eau pour remorquer, à travers les rochers et le tourbillonnement des eaux, notre fragile embarcation...

Le chef du poste, un noir très aimable, nous conduit à notre chimbecke — demeure — ; nous retrouverons, dans toutes les stations où nous nous arrêterons, ce même modèle d'habitation en pisé, de forme rectangulaire, recouvert de chaume ; le centre est occupé par une sorte de *pacic* [1], frais et aéré, qui constitue notre salle à manger ; de chaque côté, les portes de nos deux chambres à coucher se font face ; ces chambres sont vastes, mais humides et mal éclairées.

L'amabilité d'un seul homme peut faire bien des choses, même bouleverser un menu sagement élaboré...! M. l'ingénieur X., du futur chemin de fer en construction, Stanleyville-Ponthierville, nous invite à diner, et un excellent repas nous est offert ; il est d'autant plus exquis qu'il nous sustente agréablement, sans alléger nos provisions et spécialement notre vin.

Ce commencement de voyage, sous un ciel clément, est délicieux. Nous songeons avec un plaisir légèrement nuancé d'un brin de vanité, que bien des richards, exhibant équipages, ne pourraient se payer le luxe d'une partie de pirogue, telle que la nôtre, sur le Congo. Tous ces pagayeurs ne sont-ils pas nos domestiques, et ces quatre boys, du plus beau noir, attentifs au moindre de nos désirs, ne sont-ils pas les meilleurs des larbins ?

[1] Vérandah.

La rive que nous longeons, à quelques mètres, est si belle, la nature y a prodigué un si grandiose désordre ! quel fouillis inimaginable d'arbres magnifiques venant baiser, de leurs branches inférieures, les eaux du fleuve ! quelle hirsute chevelure de lianes parasites a cru par dessus ces merveilles sauvages, tordant les branches de leurs étreintes, dressant leurs

FACTORERIE

volutes jusqu'au faîte des géants, pour redescendre à terre et serpenter parmi les fougères !

Dans ce chaos de verdure, comme un ciel scintillant d'étoiles, sont enchâssées, à profusion, des milliers de fleurs aux couleurs heurtées, vives, inconnues, exagérées même, comme toutes choses, du reste, dans ce vrai domaine du soleil et de l'exubérance ! puis, ce sont des cryptes charmantes, aménagées en pavillons rustiques, aux parois drues et discrètes de plantes grimpantes... une invocation aux descriptions de Bernardin de Saint-Pierre ! C'est là, dans ces petits recoins de pure poésie, que nous placerions une Virginie, dont nous aimerions être le Paul, et je revois une ancienne gravure, représentant les deux héros de l'immortel roman, marchant enlacés dans les bois, abrités sous une large feuille de bananier !

Je me fais expliquer, par mon compagnon, le fonctionnement du tam-tam, véritable téléphone sans fil : c'est un fragment de tronc d'arbre, variant de diamètre et de longueur, et évidé à l'intérieur ; extérieurement, ce billot de bois à l'air intact, sauf une ouverture longitudinale de quelques centimètres de largeur, coupant son sommet et séparant l'instrument en deux parties ; celles-ci, frappées à l'aide de battants de bois caoutchoutés à leurs extrémités, rendent deux sons différents ; c'est à l'aide de ces deux sons et d'un tambourinage très long, très rapide et très subtil, que les indigènes se communiquent les nouvelles, souvent à plusieurs kilomètres.

Comme les villages et les postes de tam-tam s'échelonnent très régulièrement le long de la rive, les événements sont immédiatement répandus, et connus, à des distances fabuleuses. Comme leçon pratique, le chef *tamtamise* à ses collègues des villages voisins, ces simples mots : « Le Juge est ici » : quoique battus avec une rapidité qu'envieraient nos xylophonistes, la transmission de cette dépêche emploie bien près d'une minute. La réponse ne se fait pas attendre, et plusieurs roulements sonores et lointains, venant de directions différentes, disent : « Nous venons !... » Deux sultans, c'est ainsi que se désignent les chefs, arrivent en effet. Ils sont laids, sales et paraissent âgés : l'un d'eux porte respectueusement une sorte de long balai de chiendent, qui ne semble pas remplir les mêmes fo domestiques qu'en Europe : c'est plutôt, dans ses mains puissantes, une sorte de sceptre.

La nature s'est chargée de les tatouer naturellement.

d'une ancienne variole, et ils ont quelquechose de « clownesque » avec leurs caleçons faits d'une étoffe du cru bizarre, teinte de henné, qui ressemble fortement à ces papiers plissés achetés par nos sœurs ou nos cousines, pour confectionner des abat-jour.

...Nous déambulons par de petits sentiers accidentés et caillouteux, coupés de ruisseaux et de flaques d'eau, toujours escortés de nos soldats, dans la direction d'un village peu éloigné. En notre honneur, a lieu une grande danse pantomime qui représente quelque chose comme « La femme avant l'initiation »; comme sièges, nous avons deux crânes d'hippopotames ! Les acteurs ne se sont pas mis en frais de costumes ; il y a là des enfants, aux ventres proéminents et aux fantastiques nombrils, des fem-

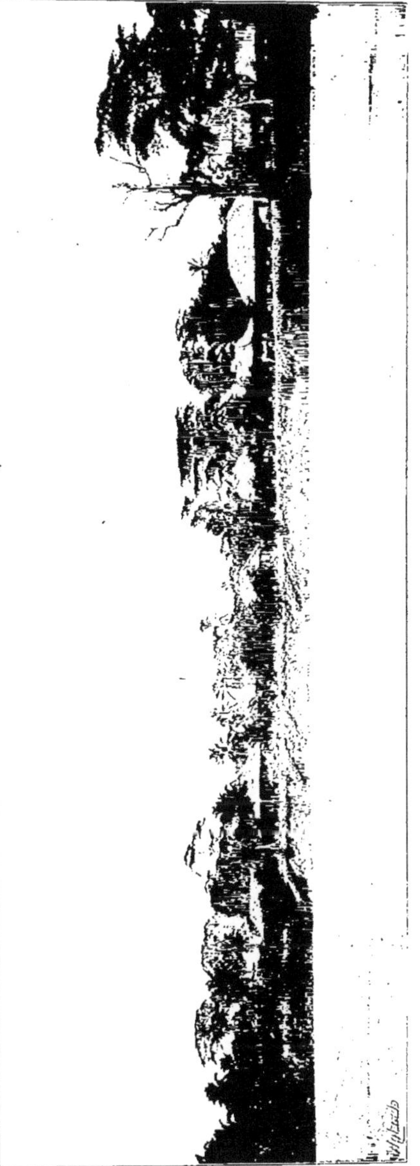

VUE DE LA STATION D'IREBU, PRISE SUR LE FLEUVE

Cliché de la *Tribune Congolaise*.

mes portant leur progéniture attachée sur leurs hanches, à l'aide de larges lianes, des hommes presque nus, d'autres affligés de loques européennes.

Tous chantent à gosiers complaisants, en exécutant une série de contorsions qui rappellent vaguement la danse du ventre.

Il y a plusieurs figures que nous regardons curieusement, mais sans comprendre. C'est, tout d'abord, une fuite motivée par l'arrivée d'un acteur qui frappe violemment la terre de son bâton ; les cris poussés semblent indiquer la terreur et retentissent jusqu'au retour de la meute peureuse, ponctués par un chant plus mélodieux, la formation d'une ronde longue et lente, de nouvelles contorsions, puis un arrêt ; un cercle se forme ensuite, puis, les uns après les autres, les femmes, exécutant une danse écourtée, viennent s'incliner devant un personnage étique et maladif jouant un rôle aussi muet qu'énigmatique ; les enfants imitent les femmes ; les hommes reviennent, frappent de nouveau le sol de leurs bâtons, une poussière jaune et dense s'élève, et c'est au milieu de ce nuage, augmenté par le piétinement enragé de toute la troupe, qui entoure en hurlant une femme accroupie, que se termine le spectacle éclairé par une torche fumeuse !... cette torche fumeuse, nous l'avions déjà vue souvent dans nos foires, alors que, petits gamins, avides d'émotions, nous allions voir un vrai sauvage, pour deux sous !

Deux porteurs viennent déposer, aux pieds de mon compagnon, un don du chef : une ravissante petite antilope vivante ; les pattes, noires et nerveuses, sont d'une finesse et d'une gracieuseté extrêmes ; le poil est blanc, semé de roux, et la mignonne bête, presque apprivoisée, nous regarde, sans crainte, de ses grands yeux doux, couchée dans sa prison d'osier. Quelques sang-mêlé, arabisés, qui ont une affaire à règler, viennent au devant du magistrat, se soumettre à sa décision. Tel, Salomon !

quoique assis sur une chaise balançoire, M. G... tranche la question ; des charges de riz et des œufs viennent rejoindre l'antilope. Mais les nègres sont très intéressés, et ne font des cadeaux que pour en recevoir en retour.

Le juge s'exécute, et la distribution des « matabiches » — récompenses ou pourboires — commence.

Molandu, le chef, reçoit un vieux veston et un gilet; ce personnage squelette nage dans les plis de ce costume habitué à une large carrure ; mais son air de contentement, de joie enfantine, fait songer à un gamin sage, qui, en temps de carnaval, a reçu l'autorisation d'endosser le complet de son père. Un collègue se voit coiffé d'une casquette de cycliste, et son air, comiquement désappointé, contraste avec le bonheur réel de l'autre. Une vieille pipe allemande, veuve de son fourneau de porcelaine, et quelques autres menus objets, sont partagés entre les arabisés, enchantés.

Le soir, après notre dîner, nous pouvons considérer notre journée comme terminée ; nous faisons une partie de cartes, puis, nous allons nous coucher, le plus souvent incommodés par les moustiques.

Pierre MONNIER.

AU MAYOMBÉ

Notes hâtives

de M. Georges Grellet, de Lausanne.[1]

... Nous prenons congé de nos camarades, à Bumba, non sans regrets, et nous embarquons dans nos pirogues, car ce n'est qu'à présent que la vie d'aventures va commencer, ne devant plus compter que sur nous-mêmes. Nous avons deux cents soldats, quatre pièces d'artillerie et des munitions en suffisance.

Nous devons remonter l'Itimbiri et le Rubi jusqu'à Ibembo soit cinq jours en pirogue.

Mon embarcation mesure à peu près vingt mètres de longueur sur un mètre de large, et porte, comme moteur, dix-huit pagayeurs ; au milieu, se dresse un petit toit de feuilles pour m'abriter contre le soleil ou la pluie ; je m'installe : d'abord ma chaise longue, une caisse qui doit tenir lieu de table ; à

[1] M. Grellet faisait partie d'une colonne de renfort, se rendant à l'extrême limite de l'État du Congo.

l'avant, un tas de terre glaise, sur lequel s'établira ma cuisine.

En entrant dans ma cabine, si je peux donner ce nom à ce léger toit de feuilles, je trouve mon boy gravement assis sur ma table, et occupé à regarder ma provision d'eau potable qui est en train de bouillir au soleil ! J'arrive péniblement à lui expliquer que les caisses, qui servent de table, ne sont pas là pour son usage, et que mon eau serait beaucoup mieux à l'ombre.

Le voyage est très peu varié ; il s'effectue entre des rives garnies d'arbres et d'arbustes, d'un feuillage vert très foncé, taché, par ci, par là, de fleurs d'un rouge très vif ; en fait de faune, l'on ne voit guère que des singes, et, de temps en temps, des hippopotames ou des crocodiles, du reste parfaitement inoffensifs si on ne les attaque pas ; le crocodile ne se régale de chair humaine que le matin ou le soir, et, ce sont toujours des noirs, qui, malgré notre interdiction, se baignent individuellement, et non en bande ; car, lorsque nous envoyons nos noirs au bain, nous avons soin de faire tirer quelques coups de fusils pour éloigner les crocodiles.

L'hippopotame ne fait aucun mal, si on ne le heurte pas avec la pirogue, ou si on ne le blesse pas d'un coup de feu ; la femelle est toutefois dangereuse, lorsqu'elle a un petit ; si l'on passe à trop courte distance, elle charge sans autre provocation.

Les oiseaux que nous voyons, sont surtout de nombreuses sortes de hérons et flamands, des canards, des passereaux de toutes espèces, et des corbeaux qui ont la poitrine blanche et le reste du corps noir ; quelquefois, sur les bords, et selon la saison, des pintades et des perdrix ; j'ai tué un hibou de la taille d'un grand duc d'Europe.

Mon déjeuner se composera aujourd'hui, et sera du reste

rarement modifié, d'une pintade et de deux poules d'eau qui abondent dans ces parages, mais difficiles à approcher.

A midi, le boy met mon couvert ; comme je lui fais l'observation que mon assiette est malpropre, il la prend à pleines mains et l'essuie avec son pagne[1]...! Je suis stupéfait, et je me résous à laver et essuyer ma vaisselle moi-même, jusqu'à ce que mon boy soit au courant de son service.

Le soir, nous arrivons dans un poste de blancs, où nous sommes fort bien reçus par le chef.

L'on nous a préparé un repas suffisant pour cinquante convives, et nous ne sommes que quatre blancs !

Le lendemain, départ à la même heure que d'habitude; nous arrivons fort tard dans la nuit, sans autre alerte qu'un hippopotame, qui, poursuivi par des indigènes, risque de faire chavirer ma pirogue.

... Enfin, nous établissons notre campement, c'est-à-dire que nous dressons nos tentes et faisons la cuisine. Notre installation ne se fait pas sans difficultés; cependant, nous gagnons nos lits, malgré les hurlements des hyènes et des léopards qui rôdent autour de notre campement, et qui sont tenus éloignés par les feux du bivouac de nos soldats.

Le jour suivant, au moment de la diane, la pluie se met à tomber, mais la pluie, au Congo, rappelle beaucoup plus des jets d'hydrantes, que les gouttes de pluie de chez nous; nous restons dans nos tentes, non sans craindre que le vent qui accompagne ces cataractes n'en arrache les piquets, ou d'être écrasés par la chute des arbres que nous entendons tomber autour de nous; mais ces tornades ne durent guère que quelques heures.

[1] Sorte de chemise, aux couleurs vives.

Après deux journées de marche, nous rencontrons des indigènes qui nous offrent des poules et une chèvre ; bonne aubaine, car, depuis quelque temps, nous n'avons mangé que de la poule ; nous sommes bien possesseurs de six canards, mais nous les gardons pour les jours de misère, où nous ne trouverons rien ; donc, la chèvre nous suit.

TYPE DE NÉGRESSE

Mais, déjà le lendemain, une pluie torrentielle nous oblige à ne pas quitter notre camp ; aussi, la mort du gentil animal est-elle décidée ! Le déjeuner et le dîner se composent de six plats de chèvre apprêtés différemment, ce qui modifie d'une façon heureuse notre menu habituel.

Arrivés dans un ancien poste de blancs, où nous pourrons passer la nuit dans des cases, les indigènes nous apportent des antilopes de toutes tailles, l'antilope-cheval, les antilopes brunes ou gris-bleu qui ont la taille d'un daim, enfin la petite antilope bleue, de la taille d'une levrette ; toutes ces espèces sont excellentes.

Les grandes ont le goût de notre viande de boucherie, et les petites, le goût du lapin ; nous mangeons également un porc sauvage, dont la viande rappelle celle du bœuf, plutôt que celle du sanglier.

... Jusqu'à présent, notre marche à travers la forêt n'avait pas été très pénible, les chemins n'étant pas trop mauvais ; mais, par la suite, la route que nous suivons est coupée de marais, dans lesquels nous enfonçons jusqu'au cou, obligés de nous frayer un passage au moyen de nos haches et, cela, durant plusieurs jours.

Ayant atteint un poste noir, nous ne sommes pas fâchés de nous reposer de nos fatigues. Nos soldats, qui nous ont beaucoup facilité la tâche par leur dévouement, sont exténués. Aussi, les soignons-nous avant de penser à nous-mêmes, n'en déplaise aux Anglais, qui représentent les officiers de l'État Indépendant comme des brutes et des bourreaux.

Après quelques jours de repos, nous partons pour M'Bima, par voie de terre ; la route est très bien marquée, et nous arrivons dans ce poste, huit jours après, en fort bon état.

De M'Bima, nous partons pour Bomokandi. Je suis seul, car le lieutenant M., étant malade, me remet le commandement de la colonne ; mes autres compagnons blancs partent en pirogues, avec les pièces d'artillerie et les munitions.

Le pays que nous traversons vient d'être agité par une révolte des Ababois; j'ai passablement de peine à me procurer des vivres pour toute ma troupe.

Après une marche de trois jours, nous rencontrons le lieutenant X., qui a réprimé la révolte et reçoit les chefs qui viennent faire leur soumission.

Nous arrivons enfin à Bomokandi, sans incidents graves, et nous y restons une huitaine de jours, pour remettre nos hommes en état de continuer leur route.

Je dois, pour mon compte, partir en pirogue, car, souffrant de la fièvre, je ne puis continuer ma route par terre. J'arrive huit jours après à Amadis, dans un état assez déplorable. Durant les deux mois que je suis resté dans ce poste, j'ai été soigné d'une façon admirable par M. le docteur Védy et par mes camarades.

Depuis Amadis, je me rends à Surangu, où, malheureusement et à mon grand regret, la décision du docteur me condamne à rentrer en Europe.

Je ne terminerai pas sans déclarer que, dans tous les postes de l'État Indépendant, j'ai été très bien reçu, et, étant malade, je fus, partout, soigné avec le plus grand dévouement par les médecins du Roi.

Je tiens également à protester contre ceux qui accusent les agents de l'État, civils et militaires, de se conduire comme des fauves et de maltraiter les indigènes ; pour mon compte, et durant les quinze mois que j'ai vécu au Congo, je puis affirmer que, dans notre colonne, nous avons toujours traité nos soldats et nos porteurs avec bienveillance.

Je ne parle pas des mains et des seins coupés qui ne sont que pures légendes, à moins que ces faits se soient produits avant l'occupation du Congo par les agents du Roi des Belges. Et, cependant, les contrées que j'ai parcourues, pendant des mois, sont habitées par des populations qui passent pour être les plus indisciplinées, les plus farouches.

G.-H. Grellet, *lieutenant.*

Extraits de lettres

de nos jeunes compatriotes au Continent Noir.

Nous aurions pu nous dispenser de publier les extraits suivants, puisqu'il est bien établi, par les relations qui précèdent, que le séjour dans l'immense colonie créée par le Roi des Belges, n'a rien de dantesque, mais, qu'au contraire, ceux qui s'y rendent, dans l'intention de se créer une situation, en remplissant fidèlement les devoirs qui leur incombent, y trouvent un accueil bienveillant de la part du Gouvernement Général à Boma, aussi bien que du Gouvernement Central à Bruxelles, et se font apprécier hautement par leur initiative et par la façon dont ils comprennent la belle tâche qui leur est confiée.

A l'appui de cette affirmation, nous citerons le fait que, sur huit agents de deuxième classe de l'Administration civile, élevés à la première classe, par décret du Gouverneur Général, en date du 17 Octobre 1903, figurent quatre jeunes Suisses, et ce, après un séjour variant de quinze à dix-huit mois seulement.

L'avancement est donc promptement assuré aux bons éléments dont l'État dispose actuellement, tandis qu'il sévira rigoureusement contre ceux qui manquent à leur devoir et qui violent les instructions qui leur sont données.

CONCERT DE TROMPES INDIGÈNES

Passons aux extraits susmentionnés:

Dekese, 28 Juillet 1903.

« Je suis dans mon seizième mois de séjour, et je me plais toujours. Les fièvres me laissent bien tranquille, mais j'ai été visité par les sarnes. Je vais me mettre à table, et voici mon menu :

« Bouillon de poule; Beaftecks d'antilope; Pintade; Pain; Beurre: Vin rouge; Bananes et Ananas à volonté.

« Je n'ai pas de légumes pour le moment. Enfin, un vrai festin de roi !

« A L.-C., je me contentais du menu de la Cuisine populaire, à quatre-vingts centimes pour un dîner ! Après avoir mangé mon pain noir, je goûte le blanc.

« J'avais des idées sur ce pays qui n'étaient pas précisément rassurantes, ni roses, mais j'en suis revenu et, maintenant, je ris de mon erreur ! A. K. »

Un enthousiaste, M. J. P. nous écrit :

« Oh ! quel beau pays tout de même ; c'est un vrai rêve que de venir y habiter ! »

M. O. T., fils d'un magistrat, s'exprime comme suit :

« J'ai logé chez d'assez grands chefs indigènes, avec la même sécurité que dans mon lit, à C., et je riais, malgré moi, en pensant à toutes les histoires que l'on débite sur le Congo. Me voici installé dans l'une des contrées du Congo les plus salubres, où les vivres de toutes sortes se trouvent en abondance. »

D'un Genevois : M. B...

« Après tout considéré, j'aime assez cette vie nouvelle, simple et calme, qui se résume en trois choses : travailler, manger et dormir ; quant aux plaisirs et aux distractions, ce sont des choses à peu près inconnues. »

D'un Neuchâtelois, M. A. H.

« De mes amis — qui sont dans d'autres parties du Congo — je reçois toujours d'excellentes nouvelles. C'est avec joie que je puis leur répondre dans les mêmes termes, étant donné que je me porte comme un charme. Si la seconde moitié de mon terme se passe dans les mêmes conditions que la première s'est écoulée, je n'hésiterais pas un instant pour contracter un nouvel engagement.

« A mon idée, le temps passe, ici, au Congo, avec une rapidité vertigineuse ; il est vrai que je ne reste jamais inactif, ce qui est, du reste, le seul et vrai moyen pour ne pas s'apercevoir de la longueur d'un terme. Après les heures de travail, je m'occupe de la basse-cour, ce qui me plaît énormément; il y a tant de petites choses, que tout le monde peut choisir un divertissement selon ses goûts. »

PRÉPARATION DU REPAS

De M. F., père de famille, ayant séjourné durant plusieurs années au Congo.

« Je ne puis qu'encourager les jeunes gens à chercher à se créer une position dans un pays neuf, où l'homme doit, sans nul doute, compter un peu plus sur lui-même, que dans nos pays civilisés, mais où il peut, avec une bonne conduite et de l'énergie, surmonter toutes les petites misères de la vie tropicale et arriver à une situation digne d'envie, ce qui n'est plus guère le cas chez nous.

« Je repartirai très probablement par le bateau quittant Anvers le 31 Juillet prochain. »

De M. B., jeune agent prudent, ne voulant pas se prononcer sans assurance, et qui ne donna de ses nouvelles que longtemps après son départ.

« Je tenais à voir si je me plairais au Congo avant de vous donner de mes nouvelles ; et, maintenant, je suis heureux de pouvoir vous dire : Oui ! je m'y plais, et n'ai pas du tout l'ennui de la Suisse.

« Le poste où j'ai été envoyé se trouve dans une contrée relativement salubre, et, à part la fièvre d'acclimatement qui m'a tenu une semaine, je me porte à merveille ; espérons qu'il en sera toujours ainsi ! »

M. W. F., Neuchâtelois, Inspecteur forestier, en est à sa sixième année d'Afrique. Il nous écrit :

« Je suis attaché comme contrôleur forestier aux deux districts des Bangala et de l'Ubangi, deux des plus vastes territoires de l'État, et les distances à parcourir sont si grandes que, bien souvent, je mets huit jours et plus pour parvenir d'un poste à l'autre.

« Je voyage tantôt en steamer, tantôt en pirogue ou à pied, dans la brousse, et ces nombreux déplacements sont parfois très fatigants, vu la longueur des étapes. Mais, de cette manière on voit des régions nouvelles, et l'on peut faire de très curieuses remarques au sujet du pays et de ses habitants.

« Le voyage que je viens d'entreprendre dans le sud Makua a été pénible, mais bien intéressant au point de vue exploration. Nous avons traversé les pays des Mangbettus, des Azandis et des Aburambos, régions superbes, fertiles et très riches en essences laticifères. Nous avons été très bien reçus par les grands sultans, et, quoique la région ne soit soumise que depuis quelques mois, les chefs se sont empressés autour de nous, nous ont bien soignés, ainsi que notre troupe, et nous sommes bien arrivés à Poko, sur le Bomokandi, après avoir ouvert une nouvelle route, parallèle à celle ouverte auparavant par les explorateurs Junker et Cassati. D'ici, quelques jours, je

MAGASIN DE FACTORERIE

partirai par voie de terre aux Amadi, Surango et Niangara, sur les bords de l'Uellé. »

M. V. V., de Neuchâtel, Intendant à Kabinda, et qui en est à sa cinquième année d'Afrique, nous écrit :

« Il n'y a que cinq semaines, que je suis arrivé dans mon nouveau poste. Depuis Lusambo, je suis allé à Kabinda, où se trouve la résidence du chef du secteur de Lomami, M. le Commandant Tonneau. De là, j'ai été dirigé sur Kisenga, mon quartier général. Je ne pense pas que vous trouverez ce nom sur la carte ; mais, si vous faites un point à l'intersection du 6°8′ lat. S. et 25°58′ long. E., vous aurez à peu près la place où se trouve Kisenga.

« Je suis désigné pour diriger le service des transports, service de la plus haute importance, mais très difficile. C'est vous dire qu'il faut énormément de patience, de tact et un courage doublé d'un sang-froid peu commun.

« Je suis continuellement en route, et je vis en vrai nomade, couchant sous la tente. J'ai dix soldats et un caporal, mon boy et une vingtaine de porteurs pour mes impedimenta. Je dois recruter des porteurs pour transporter les charges qui arrivent d'Europe, à destination du lac Mœro et du lac Tanganika.

« C'est un service pénible, mais comme, en route, je ne suis jamais malade, je ne m'en plains pas. Je suis déjà allé jusqu'au Lualaba, à Buli même. Je n'avais plus que vingt jours de marche pour arriver au lac Mœro ; aussi, je ne désespère pas de traverser, prochainement, le continent mystérieux. Je m'occupe également des routes ; je fais construire des maisons pour les passagers blancs et des hangars pour les porteurs. Vous voyez, si, par hasard, mon travail n'allait pas, l'embarras dans lequel se trouveraient tous ceux qui sont ravitaillés par Lusambo

« Ici, nous sommes en plein pays Balubas. Malheureusement, c'est une population lâche. Généralement, lorsque j'arrive dans un village, tout le monde descend... dans les herbes ! leur courir après, serait inutile. Aussi, je dresse ma tente au milieu du village, et j'attends jusqu'à ce que les indigènes veuillent bien revenir. Suivant le plus ou moins grand nombre de circonvolutions qui se trouvent dans leur embryon de cervelles, je dois attendre quatre, cinq, six jours et plus.

« Ce qu'il y a d'agréable, c'est que je ne dépends de personne,

PRISE D'ARMES DE LA FORCE PUBLIQUE DU CAMP D'IREBU

Cliché de la *Tribune Congolaise*.

car je remplace momentanément le chef du secteur. Naturellement, lorsque le portage sera bien établi, je serai remplacé et aurai alors un poste à gouverner.

« Il y a beaucoup de lauriers à récolter ! m'a dit mon Commandant, mais cela n'ira pas tout seul ! » Certes, je m'en aperçois ! »

D'un Lausannois, M. J.-P., s'exprimant avec la bonne franchise vaudoise:

« Stanleyville est une très belle station, où l'on compte dix-sept blancs, située sur la rive droite du fleuve, au centre d'un pays florissant, sain et assez tempéré. On y trouve tous les légumes d'Europe, ainsi que beaucoup de fleurs, des pommes de terre également. Enfin, sans trop dire, une des plus belles stations du Congo; on se croirait en Europe. La nourriture, en général, est excellente et abondante ; le vin en suffisance. En somme, on peut dire que toute la Province orientale est un beau pays, sain et peut être semblable à l'Europe, sous bien des rapports. Je n'ai nullement lieu de me plaindre pour n'importe quoi ; je me trouve, pour ainsi dire, mieux qu'en Suisse, et le Congo sera, sans nul doute, ma vie de travail, pour autant que j'y aurai la santé.

« Je suis comptable de la station et agent des magasins ; je reste donc définitivement ici, ce que je souhaitais, lorsque j'étais provisoire. Je suis très heureux d'avoir obtenu ces fonctions, qui sont très agréables. J'ai évidemment quelque responsabilité, mais la vie, ici, est réglée à un tel point, qu'il n'est pas possible de n'être pas sûr de soi-même. Tout va bien ; je me suis fait de bons camarades, je n'ai pas l'ennui du pays, et je vis comme un bienheureux. Je vous assure qu'on ne se croirait pas en Afrique. »

M. H., père d'un officier supérieur de la Force Publique, qui a traversé le Congo du Sud au Nord, nous communique les lignes suivantes : « Il me dit que les nombreux Suisses qu'il a rencontrés se plaisent, en général, bien au Congo. Durant tout le parcours de son voyage, il a été reçu admirablement, et ne peut que se louer de la façon dont tous les services sont organisés. »

« *Mes débuts dans la vie en poste*[1] :

D..., le 31 Août 1903.

« Mon arrivée, signalée par les chants de mes pagayeurs qui, eux aussi, étaient heureux de rentrer au foyer, était connue. De loin, je voyais des grappes d'hommes et de femmes descendre à la rive pour souhaiter la bienvenue au nouveau blanc. C'est une très jolie coutume indigène. Chacun donne la main à l'arrivant en disant « Boté », ce qui signifie, à peu près, « Bien! ça va bien, bonjour ! » Le chef de poste de D..., M. le capitaine Sören Sörensen, officier danois, le plus parfait gentlemen et le plus charmant chef que j'eusse rêvé, est également à la rive. J'étais un peu ému, et, comme je suis homme de première impression, je cherchais, bien inutilement du reste, à distinguer, du milieu de la rivière, les traits de celui sous les ordres duquel j'allais faire mes premiers pas dans la vie en poste.

Je dois ajouter que ce premier mouvement n'était pas dicté par la curiosité, mais par la raison que, si la vie à deux blancs, en poste, peut être considérée comme un paradis lorsque la bonne entente et l'harmonie règnent, elle devient un enfer dans le cas contraire, et, souvent le premier coup d'œil indique à l'agent subalterne s'il doit se tenir sur ses gardes et apprendre à se taire, ou s'il peut se livrer.

Devant la figure franche, ouverte et souriante de M. le capi-

[1] Le courrier du Congo du 9 Décembre 1903 nous apporte, au dernier moment, deux intéressantes communications, dont nous ne pouvons extraire que quelques passages.

taine Sörensen, toutes mes craintes s'envolèrent. La première impression avait été bonne de part et d'autre, et jamais, pendant les longs mois que nous passâmes ensemble, le plus léger nuage ne vint assombrir notre ciel serein.

Après avoir pris possession de mon schimbeck — maison, — une vraie petite boîte à cachou, et pendant que mon boy — domestique — prépare ma demeure, M. le capitaine me fait les honneurs de la propriété.

Le moment étant arrivé de mettre la main à la pâte, mon chef me fit consulter le tableau du service journalier, tout en me donnant quelques explications.

Il y a au poste 25 soldats, 30 femmes. Pour débuter, vous surveillerez le travail des femmes, me dit le capitaine, mais seulement de huit à dix heures et demie, car à six heures, vous devez soigner les malades qui viendront se présenter à la visite ; puis, ce travail terminé, vous assisterez à l'exercice et, si besoin est, vous prendrez le commandement. Être ainsi investi Docteur et Instructeur vous semble sûrement une anomalie ! Eh bien ! moi qui ne comprends jamais rien, je comprends cela !

Le gouvernement sait par expérience que les événements peuvent priver inopinément un poste de son commandant, et que de nouveaux venus, fussent-ils commis, doivent parfois prendre en mains la direction des affaires. Voilà pourquoi tous les agents doivent assister à l'exercice.

Tous ont à pratiquer la médecine ! Vous croyez cela plus difficile ? Faites-moi le plaisir d'assister à une visite.

Qu'as-tu mon ami ? Inflammation des paupières ! un peu de sulfate de zinc, et ce soir ce sera fini.

Et toi ? une écorchure ? un pansement humide à l'acide phénique.

Et toi ? maux de gorge. Acide borique.

Avec le guide médical abrégé, à l'usage du voyageur au Congo, on se tire de bien des mauvais pas. Et puis, si le cas dépasse ma compétence, je m'écrie simplement : « Grand Dieu ! que la médecine est belle ! »

Les noirs vivant en poste sont habitués aux blancs. S'il arrive quelque chose, c'est au blanc qu'ils en réfèrent. Les négrillons eux-mêmes ne se gênent pas pour vous grimper sur les genoux, vous tirer la barbe et, quelquefois, hélas! faire sur vous ce qu'ils ne devraient pas. Tous ces gens-là, journellement en contact avec les Européens, forment le noyau mis en terre par les premiers colons, noyau qui, bien soigné, deviendra arbre et étendra ses ramifications lentement, mais progressivement, jusque chez les vrais indigènes, ceux qui, jusqu'ici, ne sont en relations avec le blanc que pour affaires commerciales et vivent dans les forêts ou dans la brousse.

SUR LES RIVES DU HAUT-FLEUVE
Cliché de *La Dépêche Coloniale Illustrée*.[1]

..... Chaque chef ou son adjoint doit faire mensuellement visite à un certain nombre de villages dépendant du poste. Ces

[1] *La Dépêche Coloniale Illustrée*, grand organe périodique de Paris, nous autorise à reproduire un certain nombre de clichés qui figurent dans le numéro du 15 Novembre 1903, exclusivement consacré à l'État Indépendant du Congo.

reconnaissances, auxquelles le gouvernement tient beaucoup, font connaître la topographie du pays, ses richesses de toute nature. Elles ont aussi, pour but, de mettre plus souvent le blanc en contact avec l'indigène, de réprimer les coutumes barbares qui pourraient être pratiquées, d'empêcher les villages de se déclarer la guerre entre eux, de veiller à l'exécution des lois réglant le mode d'extraction du caoutchouc, etc., etc.

Aussi, ma joie fut-elle grande, lorsque mon chef m'annonça un soir, qu'étant bien au courant des travaux intérieurs du poste, ce serait à moi à effectuer la visite mensuelle des villages. J'allais voir du nouveau.

Le lendemain matin, après l'appel, équipé comme un vrai explorateur, je me mis en route, accompagné par les souhaits de « bonne chance » de toute la station et de douze soldats.

La journée s'annonçait charmante, même un peu chaude. Tout le monde était de bonne humeur. A midi, halte, dîner, sieste à l'ombre de beaux palmiers élaïs, ce cadeau de la Providence à l'indigène, auquel il procure sa nourriture, son vêtement et les matériaux de sa case. Nous arrivons au premier village à quatre heures du soir, par des sentiers souvent impraticables. Les indigènes de Busangu, c'est le nom du village, leur chef Kongosamo en tête, viennent à ma rencontre pour me souhaiter la bienvenue au milieu d'eux. Les hommes sont porteurs de leurs arcs, flèches et lances ; les femmes se contentent de porter leur progéniture. Tout ce monde crie, gesticule, gambade à faire croire à une attaque. Arrivé à quelques mètres environ de cette bande de fous, une idée baroque me vint à l'esprit. Me souvenant que je savais quelque peu le quadrille, je me mets à en exécuter une ou deux figures en criant, sautant et gesticulant comme eux. Ah ! le Cake Walk endiablé ! Je m'en souviendrai toute ma vie !

Alors, ce ne fut plus de la joie, mais du délire qui s'empara de mes pauvres indigènes. Sans l'intervention des soldats, je

CAMPEMENT AUX CHUTES KIOMBO — Cliché de *La Dépêche Coloniale Illustrée.*

crois qu'ils m'auraient porté en triomphe. Cette scène se répéta à peu près dans tous les villages visités, et, parce que j'ai dansé avec eux, que je ne les brusque jamais sans raison, que je prends leurs enfants dans mes bras, je suis un « bon blanc ! » Vous voyez qu'il faut peu de choses pour être taxé de bon blanc ici.

Durant mes dix jours de voyage, j'ai toujours pu me procurer très aisément, dans les villages, de la viande fraîche, des œufs, du vin de palme, des ananas, des bananes et des papayes ; mais, dans la brousse ou dans la forêt, je n'ai pas rencontré notre petite fraise, ni aucun autre fruit si commun dans nos forêts d'Europe.

Je suis revenu enchanté de ce premier voyage.

... Chaque poste est une petite ruche, d'où les frelons sont honteusement chassés. Les sinécures y sont inconnues. Chacun a son travail, chef ou adjoint, travail qui varie à l'infini : A six heures du matin, instruction, médecin ; à huit heures, surveillant de travaux ou architecte ; à dix heures, commerçant, comptable, souvent cuisinier à onze heures.

Tout candidat colon est tenu de fournir, avant son départ d'Europe, une déclaration médicale constatant que son état de santé lui permet un séjour en Afrique.

Le Congo est chaud et humide, et ne passe pas pour être très sain. En tous cas, le pays n'est pas propice aux tuberculeux ou aux convalescents. Il importe donc, dans son intérêt, que le futur Congolais qui se rend chez le médecin, pour se faire visiter, ne dissimule rien de sa santé. L'absence de tares héréditaires, l'intégrité des principaux organes viennent avant la grande vigueur physique.

Et puis, quelqu'un a dit : « L'ennui naquit un jour de l'uniformité. » Celui qui se destine à émigrer doit être cuirassé contre l'ennui. L'ennui est facile à éviter, en s'acquittant bien des devoirs incombant aux agents placés en poste ; on conserve ainsi un bon moral, et c'est le meilleur préventif contre les maladies.

Maintenant que j'ai mis en garde les futurs colons se sentant physiquement et moralement assez forts pour tenter l'émigra-

Cliché de *La Dépêche Coloniale Illustrée.*

LES CHUTES KIOMBO SUR LA LUFIRA

tion, il est juste que j'ajoute que les conditions faites par l'État Indépendant du Congo sont très acceptables. De plus, agissant en bon père de famille, l'État retient et place, à la Caisse d'Épargne, la moitié du traitement des agents, ensorte que ces derniers peuvent, à leur rentrée au pays, faire mentir le vieux proverbe, qui dit : *Pierre qui roule n'amasse pas mousse !*

J'ai aussi entendu, en Suisse, des personnes qui semblaient pourtant compétentes — l'habit ne fait pas le moine — considérer le Congo comme la suprême ressource des gens qui avaient intérêt à disparaître, pour quelque temps, de la scène où ils étaient connus.

Confondre le Congo et la légion étrangère, est une fatale erreur. N'y vient pas qui veut, au Congo ! et, déjà, à présent, il faut toutes les herbes de la Saint-Jean pour obtenir un engagement, santé, moralité, travail. Dans quelques années, ce sera une faveur spéciale !

Albert KUNZ[1],
Agent de 1re classe,
de l'État Indépendant du Congo.

De M. Bernard Junod, chef de culture; courrier du 9 Décembre 1903 :

« Lorsqu'on entend dire, par le Révérend Morrisson que la situation des indigènes s'aggrave au Kassaï, cela fait dresser les cheveux sur la tête.

Il n'y a presque pas de jours, où ils viennent demander à s'engager comme travailleurs. Je suis obligé d'en refuser beaucoup, car je n'ai droit qu'à un nombre limité !

Il faut entendre, ces gens-là, dire ce qu'ils étaient avant que les blancs viennent ; alors on est édifié ! Ils se déclarent parfaitement heureux, car le plus petit travail est rétribué. Du reste, si nous étions si cruels, pourrions-nous vivre en aussi parfaite sécurité, dans un district où la population est aussi

[1] Depuis vingt mois au Congo.

dense que dans le Lualaba-Kassaï, et où nous sommes une petite poignée de blancs ? Allons ! tout est contre les Anglais, et, de toutes leurs allégations savamment combinées, rien ne tiendra debout ! »

Nous pourrions continuer ces citations si intéressantes, si suggestives ! Elles suffiront, sans doute, pour modifier l'opinion que l'on a du Congo, et, quant à la situation qui est assurée à nos compatriotes, car, nous insistons sur ce point spécial, que les critiques formulées, récemment encore, dans certains organes suisses, émanant d'agents dont l'État a dû refuser les services pour des raisons diverses. Nos renseignements, à ce sujet, nous permettront de révéler, ailleurs, les inexactitudes qui caractérisent ces communications et l'attitude peu chevaleresque de leurs auteurs.

M. AMI GRASSET,
Agent de première classe de l'État Indépendant du Congo.

Petites Choses d'Afrique.[1]

Mon boy.

Or donc, en débarquant à Léopoldville, la première munificence de l'État, à mon égard, fut de me donner un boy ; vous n'ignorez pas qu'un boy est un jeune domestique chargé de l'entretien de la maison de son maître, ainsi que des mille et une petites choses matérielles concernant la situation de l'Européen en Afrique.

Mon boy, lorsqu'il me fut présenté, était somptueusement vêtu d'une culotte rouge rayée de blanc, d'une demi-chemise de teinte intraduisible, et d'un chapeau de paille sans fond, le tout recouvert d'une couche de malpropreté repoussante qui devait certainement dater de bien longtemps déjà ; de plus, il était chaussé, à un pied, d'une bottine élastique, veuve de son

[1] La *Tribune Congolaise*, à Anvers, publie l'amusante boutade que nous eproduisons.

talon, et à l'autre, d'une pantoufle dans laquelle on aurait pu mettre six pieds de la taille de celui qui l'occupait. L'employé chargé de me donner ce crasseux négrillon eut bien soin d'ajouter : « Et surtout, Monsieur Hubin, ne le rudoyez pas, car c'est un *excellent boy!* »

J'emmenai donc cet *excellent boy*, sur le compte duquel je ne devais pas tarder à être désillusionné.

Le lendemain déjà, Ivolo, c'est le nom de mon sombre héros, se distingua en m'apportant, au bureau, mon déjeuner soigneu-

GARE DE LA SUBKI, MAYOMBÉ

sement enveloppé dans un mouchoir de poche, qu'il avait pris dans mon linge sale ; il parut scandalisé de mes reproches et me fit remarquer que sa chemise était bien plus sale encore.

Qui sait ! Peut être avait-il eu d'abord l'idée de nouer mon repas dans sa chemise ?

N'étant guère encore initié aux secrets du langage indigène, il me fut impossible d'entamer une discussion, et force me fut de ne point déjeuner ; toutefois, Ivolo parut comprendre que je ne tenais aucunement à recevoir mon déjeuner dans un mouchoir, car, les jours suivants, il me l'apporta dans un essuie-main.

A quelque temps de là, le capitaine d'un vapeur qui fait le voyage de Léopoldville au Kassaï me fit cadeau d'un rouleau de tabac.

— C'est du Lukolela, me dit-il ; c'est le meilleur tabac cultivé par les indigènes ; quand vous l'aurez goûté, vous n'en fumerez plus d'autre.

Je remis immédiatement le tabac à mon boy, en lui faisant comprendre qu'il devait en hacher une bonne partie, le plus tôt possible, et me l'apporter au bureau.

Une heure après, Ivolo venait chez moi, apportant le tabac coupé, dans une . . . chaussette que j'avais quittée la veille ! Ce jour là, en dépit de la recommandation qui m'avait été faite, mon moricaud fut gratifié d'une gifle qui ne lui fit guère mal, mais dont mon poignet souffrit énormément.

Récoltant des notes par ci par là, étant continuellement en rapport avec les noirs, je fus, en très peu de temps, à même de converser avec eux ; je m'étais composé un petit vocabulaire où les termes fiottes côtoyaient les expressions bangalas, ce qui n'empêchait point les indigènes de me comprendre ; Ivolo, surtout, me comprenait à merveille, et cela me suffisait. C'est seulement alors que je m'aperçus que mon boy n'était pas précisément un imbécile, comme je me l'étais imaginé tout d'abord; loin de là. Étant Wangalta, mon serviteur possédait toute l'intelligence innée des gens de sa tribu, qui passent pour être les plus éclairés de l'Afrique centrale ; tout jeune, il s'était rendu chez des missionnaires anglais, où il avait appris en peu de temps à lire et à écrire sa langue ; ses compagnons, à qui l'amour de l'étude n'avait jamais souri, étaient cependant très fiers des petites capacités d'un des leurs et répétaient assez souvent qu'Ivolo était aussi « sorcier » que les blancs ; ce dernier point est légèrement discutable, mais je n'en ferai rien.

Quoique ayant pu inculquer quelques vagues qualités à mon boy, je n'étais jamais parvenu à lui démontrer les avantages de la propreté ; il s'obstinait, malgré tout, à vivre dans sa crasse, et mes conseils, mes exemples et mes coups de pied, — j'avais renoncé à frapper de la main — restèrent sans effet sur cette nature qui n'était pourtant pas absolument bornée. Ivolo était sale par principe. Un soir, je finissais de prendre mon bain et

RASSEMBLEMENT DES TRAVAILLEURS

me rhabillais, lorsque je fus subitement appelé par un camarade qui tenait à me montrer un mille-pattes, qu'il prenait pour un serpent ; cet ami haussa même dédaigneusement les épaules, lorsque je voulus lui expliquer que les serpents n'ont pas de pattes.

En rentrant chez moi, un étrange spectacle s'offrit à ma vue. Mon moricaud, profitant de mon absence, avait jeté ma vaisselle dans ma baignoire et nettoyait consciencieusement assiettes, plats et casseroles dans l'eau où je m'étais lavé ; comme je lui intimais l'ordre de recommencer sa besogne dans l'eau fraîche, il me répondit que je ne savais pas ce que je voulais, et que c'était moi-même qui lui avait ordonné de n'employer que de *l'eau chaude* pour les ustensiles de ménage; et, là-dessus, répandant mélancoliquement le contenu de la baignoire dans la chambre, il se mit à nettoyer le plancher à grande eau.

Ce n'est pas là le plus brillant de ses exploits; à la malpropreté, il joignait un sans-gêne des plus ahurissant.

Étant rentré plusieurs fois chez moi à l'improviste, je le trouvai se lissant les cheveux avec mon peigne, qu'il trempait préalablement dans l'huile de palme ; parfois, il se rasait la toison avec ma tondeuse ; d'autres fois encore, abandonnant la tige de jonc, il faisait une concession à la civilisation européenne, en se lavant les dents avec ma brosse, ou bien, et cela lui arriva maintes fois, il raclait — c'est le terme — les cheveux de ses amis avec mon couteau de table, faisant fi du classique morceau de verre qu'emploient habituellement les naturels à cet usage.

Bien souvent, et toujours en mon absence, il invitait les boys de mes voisins à lui rendre visite chez moi ; réunis, ils mangeaient de la chikwangue [1] sur ma table ; le soir, j'étais harcelé par une multitude de petites mouches et moustiques attirés par l'odeur des débris du festin; malheureusement, mal protégé par mon moustiquaire, c'était toujours moi qui servait de pâture à ces désagréables visiteurs.

A plusieurs reprises déjà, j'avais demandé à mon chef de service de bien vouloir remplacer Ivolo ; j'obtenais toujours la

[1] Pain indigène fait avec la racine du manioc, et qui répand une mauvaise odeur.

même réponse : « Mais que voulez-vous! c'est un excellent boy. » Et Ivolo continuait à m'exaspérer, tant par sa présence, que par ses services.

Je lui avais recommandé de mettre tous les jours ma literie à l'air ; cet acte était probablement contraire à ses principes de malpropreté, car le premier jour il ne mit pas mes draps à la porte ; comme je le lui faisais remarquer, il répondit qu'il n'avait pas de corde pour tendre dans la cour ; je lui donnai ordre d'aller chercher une liane, ce qu'il fit. Le lendemain, ma literie n'était pas plus à l'air que la veille. Ivolo, à mes reproches, répondit en me montrant un nuage à l'horizon. « Il va pleuvoir ! » dit-il. Je trouvai l'argument sans réponse, quoique pas une goutte de pluie ne tombât de la journée entière. Le troisième jour, je rentre chez moi, à midi ; le lit était déjà fait. Je sors pour m'assurer qu'il n'y a pas de nuages au ciel, et je reviens armé d'un jonc pour châtier l'insolent.

« Pourquoi n'as-tu pas fait mon lit, vilain nègre ? »

Ivolo regarde d'abord le redoutable jonc, puis le ciel où ne passe aucun nuage sauveur, et, soudain, pris d'une sainte inspiration, s'écrie: « Il y a quelqu'un qui doit venir te voir tout à l'heure ! »

Cette réplique spontanée m'ahurit, puis me fit rire, ce qui, finalement, sauva l'échine d'Ivolo. Le comble, c'est qu'après le dîner il m'amena du monde, qui me laissa de douloureux souvenirs.

Tout récemment, la variole se déclara parmi les naturels ; aussi pratique que sale, mon négrillon alla immédiatement se faire vacciner ; trois jours après, je le surpris, enlevant délicatement avec ma cuiller à café les boutons que la vaccination avait amenés sur son bras. Cette fois, je ne pus résister à la colère ; maintenant solidement la tête du délinquant entre mes jambes fortement serrées, j'octroyai à la partie la plus replète de maître Ivolo, la plus magistrale distribution de coups de jonc qu'un blanc ait jamais donnée en Afrique.

Le lendemain, ô bonheur, mon *excellent boy* désertait en me volant deux chemises.

Les portera-t-il ?

J'en doute fort, car elles étaient propres !

Paul Hubin.

MON BOY

Les deux notes.[1]

Nous donnons, ci-dessous, le texte complet de la note, datée du 8 Août dernier, adressée par le gouvernement anglais [2] aux puissances signataires de l'Acte général de Berlin, et le texte complet de la note de l'État Indépendant du Congo, datée de Bruxelles, 17 Septembre 1903.

Nous ne croyons pas qu'il soit sans intérêt de les juxtaposer sous les yeux de nos lecteurs. Nous voulons faciliter ainsi la comparaison de ces deux documents, les plus importants, assurément, parmi tous ceux qui concernent la question congolaise.

Il est impossible que les esprits impartiaux ne soient pas frappés, et de la faiblesse de la note anglaise, et de la force des arguments invoqués par l'État Indépendant.

La note anglaise est vague ; elle s'appuie sur des allégations qu'elle n'essaie même pas de contrôler ; elle procède par voie d'hypothèses ; elle ne s'efforce de rencontrer aucune des preu-

[1] *La Vérité sur le Congo.*

[2] Voir page 4 de cet ouvrage.

ves décisives invoquées par l'État Indépendant, dans sa déclaration de Juin 1903 ; bref, elle se signale, sous le double rapport du droit et du fait, par une pauvreté d'argumentation qui étonnerait, si l'on ne savait que les mauvaises causes se plaident mal.

La note de l'État du Congo est, au contraire, très nette et très ferme ; elle reprend, point par point, tout ce qu'avance le gouvernement anglais, en ce qui concerne les impôts, la force publique, et ce qu'on appelle le travail forcé ; aux affirmations vagues, sans preuves, elle oppose des textes et les déclarations de membres du gouvernement anglais lui-même. La note met en pleine lumière les contradictions de la thèse juridique anglaise ; elle fait discrètement allusion aux violences qu'on a reprochées aux Anglais, dans certaines de leurs colonies. N'est-ce pas justice de rappeler au gouvernement britannique les critiques auxquelles il a lui-même été en butte ?

On peut dire que, jamais, le bon droit de l'État du Congo n'a apparu d'une manière plus éclatante.

La note anglaise.

Foreign Office, 8 Août 1903.

MONSIEUR,

L'attention du Gouvernement de Sa Majesté a, durant ces dernières années, été appelée, à plusieurs reprises, sur des cas allégués de mauvais traitement des indigènes et sur l'existence de monopoles commerciaux dans l'État Indépendant du Congo. Des représentations, à ce sujet, se trouvent consignées dans des Mémoires de Sociétés philanthropiques, dans des communications de corporations commerciales, dans la presse et dans des dépêches de consuls de Sa Majesté.

Ces mêmes questions ont fait l'objet d'un débat à la Chambre des Communes, le 20 du mois dernier, où la Chambre a voté la Résolution, dont une copie est ci-annexée.

TYPE BATÉKÉ

Au cours du débat, dont le compte-rendu officiel est également ci-joint, il fut allégué que l'objectif de l'Administration n'était pas tant de prendre soin des natifs, et de les gouverner, que d'amasser des revenus ; que cet objectif était poursuivi au moyen d'un système de travail forcé, ne différant de l'esclavage que de nom ; que le rendement réclamé de chaque village était exigé avec une rigueur qui dégénérait constamment en grande cruauté, et que les hommes composant la force armée de l'État étaient, en beaucoup de cas, recrutés parmi les tribus les plus belliqueuses et les plus sauvages, qui souvent terrorisaient leurs propres officiers, et maltraitaient les indigènes, sans égard à la discipline et sans crainte de châtiment.

En ce qui concerne le mauvais traitement des natifs, une distinction peut être faite entre des actes de cruauté isolés, commis par des individus, au service de l'État ou non, et un système d'administration, ayant pour conséquence et entraînant un système de cruauté ou d'oppression.

Le fait que beaucoup de cas de cruauté individuels se sont passés dans l'État du Congo est prouvé, sans contradiction possible, par l'existence d'espèces dans lesquelles des agents blancs ont été convaincus de sévices contre des indigènes. Ces agents blancs doivent cependant, attendu la vaste étendue du territoire soumis à leur administration, être nécessairement, dans la plupart des cas, isolés l'un de l'autre, avec la conséquence que la découverte des faits devient, en outre, difficile. Il n'est donc pas injuste d'affirmer que le nombre des condamnations reste considérablement en dessous des crimes actuels commis.

C'est, toutefois, à l'égard du système administratif que les allégations les plus sérieuses sont produites contre l'État Indépendant.

Il est rapporté qu'aucun effort n'est fait pour préparer l'indigène à s'exercer à des travaux industriels ; que la méthode employée pour obtenir des travailleurs ou des hommes, pour le service militaire, n'est souvent que peu différente de celle employée autrefois pour obtenir des esclaves, et que la force est aussi nécessaire maintenant, pour amener l'indigène à l'endroit où il doit servir, qu'elle l'était autrefois pour transporter l'esclave capturé. Il est rapporté également qu'une coercition constante doit être exercée pour assurer la récolte de la quantité de produits forestiers exigée de chaque village, comme équivalent du nombre de journées de travail dues par les habitants, et que cette coercition est souvent exercée par des soldats indigènes irresponsables, sans le contrôle d'aucun officier européen.

Cliché de *La Dépêche Coloniale Illustrée.*

LE CANOT « LADY LALO » MIS LA PREMIÈRE FOIS A L'EAU SUR LE LUALABA

Le Gouvernement de Sa Majesté ne sait pas, d'une façon précise[1], jusqu'à quel point ces accusations peuvent être vraies ; mais elles ont été répétées si souvent et ont rencontré une si grande créance, qu'il n'est pas possible de les ignorer plus

[1] Ce manque d'assurance, si bénévolement avoué, ces accusations échafaudées sur de simples racontars « si *souvent répétées* »... que faut-il de plus pour qualifier sévèrement la note anglaise !

longtemps, et la question s'élève maintenant de savoir si l'État du Congo peut être considéré comme ayant rempli les engagements spéciaux contractés par l'Acte de Berlin, de veiller à la protection des tribus indigènes et à leur relèvement moral et matériel.

Les accusations les plus graves portées contre l'État ont trait presque exclusivement aux vallées supérieures du Congo et de ses affluents. Les terres formant ces vastes régions sont gardées soit par l'État lui-même, soit par des compagnies en rapports étroits avec l'État, sous un système qui, quel qu'en soit l'objet, a, en fait, écarté le commerçant indépendant, comme étant en opposition avec le propriétaire ou l'occupant du sol, et a conséquemment rendu difficile l'obtention de témoignages indépendants.

Le Gouvernement de Sa Majesté s'est, en outre, trouvé dans ces conditions désavantageuses que les intérêts britanniques n'ont pas justifié le maintien d'un corps consulaire important dans les territoires congolais. Il est vrai qu'en 1901, le Gouvernement de Sa Majesté décida de désigner un consul de grande expérience africaine, pour résider d'une manière permanente dans l'État ; mais son temps a été occupé principalement par l'examen de plaintes formulées par des sujets britanniques, et il ne lui a pas encore été possible de voyager dans l'intérieur du pays et d'avoir, par expérience personnelle, connaissance de la situation des territoires énormes de sa juridiction.

Ses rapports sur des affaires relatives à des sujets britanniques, qui ont donné lieu à des représentations au Gouvernement de l'État Indépendant, offrent, pourtant, de graves exemples de mauvaise administration et de mauvais traitements. Ces affaires ne concernent pas des indigènes de l'État du Congo, et sont donc, en elles-mêmes, étrangères à l'objet de cette dépêche ; mais, comme elles se sont passées dans le voisinage immédiat de Boma, le siège de l'administration centrale, et à propos de sujets britanniques, dont la plupart se trouvaient munis de contrats formels, elles conduisent indubitablement à penser que les indigènes qui n'ont ni consul auquel ils peuvent en appeler, ni contrats formels, sont l'objet de moins de considération encore de la part des agents du Gouvernement.

TYPES BAKONGO

Au surplus, des informations qui sont parvenues au Gouvernement de Sa Majesté, émanant d'agents britanniques dans les territoires adjacents au territoire de l'État, tendent à montrer que, malgré les obligations acceptées sous l'article VI de l'Acte de Berlin, aucun effort n'est fait en vue de l'administration des indigènes et que les agents du Gouvernement ne s'intéressent apparemment pas à un tel résultat, mais appliquent toute leur énergie à la perception des revenus. Les indigènes sont laissés entièrement à eux-mêmes, en tout ce qui concerne l'assistance quelconque à leur donner, dans leur gouvernement, ou dans leurs affaires. Les stations congolaises sont évitées, les seuls indigènes qu'on y voit étant des soldats, des prisonniers ou des hommes qu'on y a amenés pour travailler. Le voisinage de stations qui sont connues pour avoir été populeuses, il y a quelques années, est aujourd'hui inhabité, et l'émigration sur une grande échelle se fait vers les territoires d'États voisins, les natifs déclarant habituellement qu'ils sont chassés de leurs villages par la tyrannie et les exactions des soldats.

Les sentiments qui, sans doute, animaient les fondateurs de l'État du Congo et les représentants des Puissances à Berlin étaient de nature à mériter la cordiale sympathie du Gouvernement britannique, auquel il a répugné de croire, soit que les intentions généreuses avec lesquelles l'État du Congo a été constitué, et dont il a donné une garantie si solennelle à Berlin, ont été abandonnées, en quelque façon que ce soit, soit que tous les efforts n'ont pas été faits pour les réaliser.

Mais, le fait est qu'il existe un sentiment de grave suspicion, très répandu en ce pays, au sujet de la condition des affaires dans l'État du Congo, et il existe une conviction profonde que les nombreuses accusations portées contre l'administration de l'État doivent avoir un fondement de vérité.

Dans ces circonstances, le Gouvernement de Sa Majesté est d'avis qu'il incombe aux Puissances, parties à l'Acte de Berlin, de conférer entre elles, et de considérer si les obligations acceptées par l'État du Congo, à l'égard des indigènes, ont été remplies, et, dans la négative, si les Puissances signataires ne sont pas dans l'obligation de faire telles représentations qui puissent assurer la due observation des dispositions contenues dans l'Acte.

Comme il est indiqué au commencement de cette dépêche, le Gouvernement de Sa Majesté désire également porter, à l'attention des Puissances, la question qui s'est élevée au sujet des droits de commercer dans le bassin du Congo.

L'article Ier de l'Acte de Berlin dispose que le commerce de toutes les nations jouira d'une complète liberté dans le bassin du Congo, et l'article V dispose qu'aucune Puissance qui exerce des droits de souveraineté dans le bassin ne pourra y accorder de monopole ou privilège d'aucune sorte, en matière de commerce.

Dans l'opinion du Gouvernement de Sa Majesté, le système de commerce existant, actuellement, dans l'État Indépendant du Congo, n'est pas en harmonie avec ces dispositions.

A l'exception d'une partie relativement peu étendue dans le Bas Congo, et à l'exception, en outre, des petits terrains actuellement occupés par les huttes et les cultures des indigènes, le territoire entier est prétendu la propriété privée soit de l'État, soit de détenteurs de

TRAVAILLEURS DANS UNE FACTORERIE

concessions territoriales. Dans ces régions, l'État ou, suivant le cas, le concessionnaire peut seul faire le commerce des produits naturels du sol. Les produits récoltés par les indigènes sont déclarés propriété de l'État ou du concessionnaire, et ne peuvent être acquis par d'autres. Dans de telles circonstances, il est impossible au Gouvernement de Sa Majesté de considérer qu'il y existe la liberté complète du commerce ou l'absence de monopoles commerciaux qui sont requises par l'Acte de Berlin.

Au contraire, nul autre que les agents de l'État ou du concessionnaire n'a l'occasion d'entrer en relations commerciales avec les indigènes ; ou, s'il parvient à arriver aux natifs, il trouve que la seule matière que l'indigène puisse lui donner, en échange de ses marchandises de traite ou de son argent, est proclamée être la propriété de l'État ou du concessionnaire, depuis le moment où elle a été recueillie par l'indigène.

Le Gouvernement de Sa Majesté ne nie en aucune façon que l'État a le droit de partager les terres de l'État entre les occupants *bona fide*, ni que les indigènes perdront, les terres étant ainsi partagées entre des occupants *bona fide*, leur droit de parcourir ces terres et de récolter les fruits naturels qu'elles produisent. Mais le Gouvernement de Sa Majesté maintient que, jusqu'à ce que les terres inoccupées soient mises en état d'occupation individuelle, et aussi longtemps que les produits ne peuvent être récoltés que par le natif, l'indigène doit être libre de disposer de ces produits comme il lui plaît.

Dans ces circonstances, le Gouvernement de Sa Majesté considère que le moment est venu où les Puissances, parties à l'Acte de Berlin, doivent considérer si le système commercial actuellement en vigueur dans l'État Indépendant est en harmonie avec les dispositions de cet acte et, particulièrement, si le système de concéder de vastes étendues de territoires peut être autorisé sous le régime de l'Acte, alors que l'effet de telles con-

RIVES DU CONGO — FRONTIÈRE DU MAYOMBÉ ET DU CONGO FRANÇAIS

Cliché de *La Dépêche Coloniale Illustrée.*

cessions est, en pratique, de créer un monopole commercial, en excluant toutes personnes autres que le concessionnaire, du commerce avec les indigènes dans le territoire concédé. Pareil résultat est inévitable, si les concessions sont faites en faveur de personnes ou de compagnies qui ne peuvent faire usage, elles-mêmes, des terres ou récolter leurs produits, mais doivent, pour les recueillir, dépendre des indigènes, qui sont autorisés à traiter seulement avec les concessionnaires.

Le Gouvernement de Sa Majesté sera heureux de recevoir toutes suggestions que les Gouvernements des Puissances signataires peuvent être disposés à faire au sujet de cette importante question qui pourrait peut-être constituer, en tout ou en partie, l'objet d'une référence au tribunal de la Haye.

Je suis, etc,.

LANSDOWNE.

La note de l'État Indépendant du Congo.

Le Gouvernement de l'État Indépendant du Congo, ayant eu connaissance de la dépêche du *Foreign Office*, datée du 8 août 1903, remise aux Puissances signataires de l'Acte de Berlin, constate qu'il est d'accord avec le Gouvernement de Sa Majesté sur deux points fondamentaux, à savoir que les indigènes doivent être traités avec humanité et menés graduellement dans les voies de la civilisation, et que la liberté de commerce, dans le bassin conventionnel du Congo, doit être entière et complète.

Mais il nie que la manière dont est administré l'État entraînerait un régime systématique *de cruauté ou d'oppression*, et que le principe de la liberté commerciale apporterait des modifications au droit de propriété tel qu'il est universellement compris, alors qu'il n'est pas un mot à cet effet dans l'Acte de Berlin. L'État du Congo note qu'il ne se trouve dans cet Acte aucune disposition qui consacrerait des restrictions quelconques à l'exercice du droit de propriété ou qui reconnaîtrait aux Puissances signataires un droit d'intervention dans les affaires d'administration intérieure les unes des autres. Il tient à se montrer fidèle observateur de l'Acte de Berlin, de ce grand acte international qui lie toutes les Puissances signataires ou adhérentes, en ce que dit le sens grammatical si clair de son texte, que nul n'a pouvoir de diminuer ou d'amplifier.

UNE CARAVANE AU REPOS SUR LA ROUTE PRÈS DE BOMA
Cliché de *La Dépêche Coloniale Illustrée*

La note anglaise remarque que c'est en ces dernières années qu'a pris consistance la campagne menée en Angleterre contre l'État du Congo, sous le double prétexte de mauvais traitements des natifs et de l'existence de monopoles commerciaux.

Il est à remarquer, en effet, que cette campagne date du jour où la prospérité de l'État s'affirma. L'État se trouvait fondé depuis des années et administré comme il l'est aujourd'hui ; ses principes sur la domanialité des terres vacantes, l'organisation et le recrutement de sa force armée étaient connus et publics, sans que ces philanthropes et ces commerçants, de l'opinion desquels fait état le début de la note, s'en montrassent préoccupés. C'était l'époque où le budget de l'État ne pouvait s'équilibrer que grâce aux subsides du Roi-Souverain et aux avances de la Belgique, et où le mouvement commercial du Congo n'attirait pas l'attention. On ne trouve le terme *les atrocités au Congo* utilisé alors, qu'à propos du « mauvais traitement allégué des indigènes africains par des aventuriers anglais et autres dans l'État Indépendant du Congo [1]. » A partir de 1895, le commerce de l'État du Congo prend un essor marqué, et le chiffre des exportations monte progressivement de 10 millions en 1895 à 50 millions en 1902. C'est aussi à partir d'alors, que le mouvement contre l'État du Congo se dessine. Au fur et à mesure que l'État affirmera davantage sa vitalité et ses progrès, la campagne ira s'accentuant, s'appuyant sur quelques cas particuliers et isolés, pour invoquer des prétextes d'humanité et dissimuler le véritable objectif des convoitises qui, dans leur impatience, se sont cependant trahies sous la plume des pamphlétaires et par la voix de membres de la Chambre des Communes, mettant nettement en avant la disparition et le partage de l'État du Congo.

Il fallait, dans ce but, dresser contre l'État toute une liste de chefs d'accusation. — Dans l'ordre humanitaire, on a repris, pour les rééditer à l'infini, les cas allégués de violence contre les indigènes. Car, dans cette multitude de meetings, d'écrits, de discours, dirigés ces derniers temps contre l'État, ce sont toujours les mêmes faits affirmés et les mêmes témoignages produits. — Dans l'ordre économique, on a accusé l'État de

[1] *Transactions of the Aborigines Protection Society*, 1890-1896, p. 155.

violation de l'Acte de Berlin, nonobstant les considérations juridiques des hommes de loi les plus autorisés qui justifient, à toute évidence de droit, son régime commercial et son système foncier. — Dans l'ordre politique, on a imaginé cette hérésie, en droit international, d'un État, dont l'Indépendance et la Souveraineté sont entières, qui relèverait d'ingérences étrangères.

TYPE DE FEMME

En ce qui concerne les actes de mauvais traitement à l'égard des natifs, nous attachons surtout de l'importance à ceux qui, d'après la note, ont été consignés dans les dépêches des agents consulaires de Sa Majesté. A la séance de la Chambre des communes du 11 mars 1903, Lord Cranborne s'était déjà référé à ces documents officiels, et nous avons demandé à S. Exc. Sir C. Phipps que le Gouvernement britannique voulût bien nous donner connaissance des faits dont il s'agissait. Nous réitérons cette demande.

Le Gouvernement de l'État n'a jamais, d'ailleurs, nié que des crimes et délits se commissent au Congo, comme en tout autre pays ou toute autre colonie. La note reconnaît elle-même que ces faits délictueux ont été déférés aux tribunaux et que leurs auteurs ont été punis. La conclusion à en tirer, est que l'État remplit sa mission ; la conclusion que l'on en déduit, est que « beaucoup de cas individuels de cruauté se sont produits dans l'État du Congo » et que « le nombre de condamnations est considérablement moindre que le nombre des délits réellement commis ».

Cette déduction ne paraît pas nécessairement indiquée. Il semble plus logique de dire que les condamnations sévères prononcées seront d'un salutaire exemple, et qu'on peut en espérer une diminution de la criminalité. Que si, effectivement, des actes délictueux, sur les territoires étendus de l'État, ont échappé à la vigilance de l'autorité judiciaire, cette circonstance ne serait pas spéciale à l'État du Congo.

La note anglaise procède surtout par hypothèses et par suppositions : « il a été allégué... il est rapporté... il est aussi rapporté... » et elle en arrive à dire que le « Gouvernement de Sa Majesté ne sait pas précisément jusqu'à quel point ces accusations peuvent être vraies ». C'est la constatation que, aux yeux du Gouvernement britannique lui-même, les accusations dont il s'agit ne sont ni établies ni prouvées. Et, en effet, la violence, la passion et l'invraisemblance de nombre de ces accusations les rendent suspectes aux esprits impartiaux. Pour n'en donner qu'un exemple, on a fait grand état de cette allégation que, sur un train descendant de Léopoldville à Matadi, trois wagons étaient remplis d'esclaves, dont une douzaine étaient enchaînés, sous la garde de soldats. Des renseignements ont été demandés au Gouverneur Général. Il répond : « Les individus représentés comme composant un convoi d'esclaves étaient, pour la plus grande majorité (125), des miliciens dirigés du district de Lualaba-Kassaï, du lac Léopold II et des Bangala, sur le camp du Bas Congo. Vous trouverez annexés les états relatifs à ces individus. Quant aux hommes enchaînés, ils constituaient un groupe d'individus condamnés par le tribunal territorial de Basoko, et qui venaient purger leur peine à la maison centrale de Boma. Ce sont les nos 3642 à 3649 du registre d'écrou de la prison de Boma. »

C'est ainsi encore qu'une interview toute récente, reproduisant les accusations coutumières de cruauté, est due à un ancien agent de l'État « déclaré impropre au service[1] », et qui n'a pas vu accepter, par l'État, sa proposition d'écrire dans la presse des articles favorables à l'administration.

La note ignore les réponses, démentis ou rectifications qu'ont amenés, dans les différents temps où elles se sont produites, les attaques contre les agents de l'État. Elle ignore les déclarations officielles qu'en juin dernier, le Gouvernement de l'État fit publiquement à la suite des débats du 20 mai à la Chambre des Communes, débats annexés à la note. Nous annexons ici le texte de ces déclarations, qui ont, par avance, rencontré les considérations de la dépêche du 8 Août.

TYPE BANGALA

Le seul grief nouveau qu'elle énonce, — en vue sans doute d'expliquer ce fait, non sans importance, que le consul anglais qui a résidé au Congo, depuis 1901, ne paraît pas appuyer de son autorité personnelle les dénonciations de particuliers, — c'est que cet agent aurait été « principalement occupé à l'examen de plaintes formulées par des sujets britanniques ». L'impression en résulterait que de telles plaintes auraient été exceptionnellement nombreuses. Sans aucun doute, le consul, en diverses occasions, s'est mis en rapport avec l'administration de Boma, dans l'intérêt de ses ressortissants, mais il ne

[1] Les mêmes faits se produisent en Suisse, dont la presse est renseignée par des agents congédiés, auxquels il ne peut être accordé aucune créance. Voir page 213.

paraît pas que ces affaires, si l'on en juge par celles d'entre elles dont a eu à s'occuper la légation d'Angleterre auprès du Gouvernement central à Bruxelles, soient autres, par leur nombre ou leur importance, que celles de la vie administrative courante : des cas ont notamment visé le règlement de successions délaissées au Congo par des ressortissants anglais ; quelques-uns ont eu pour objet la réparation d'erreurs de procédure judiciaire, comme il s'en produit ailleurs, et il n'est pas avancé que ces réclamations n'ont pas reçu la suite qu'elles comportaient. Le même consul, dont la nomination remonte à 1898, écrivait le 2 juillet 1901 au Gouverneur Général : « Je vous prie de me croire, lorsque j'exprime maintenant, non seulement pour moi-même, mais aussi pour mes compatriotes en cette partie de l'Afrique, notre très sincère appréciation de vos efforts en faveur de l'ensemble de la généralité, — efforts pour encourager la bonne volonté parmi tout le monde et pour concilier les divers éléments de notre vie locale. » — Les prédécesseurs de M. R. Casement — car des consuls anglais avec juridiction sur le Congo ont été appointés par le Gouvernement de Sa Majesté depuis 1888 — ne paraissent pas davantage avoir été absorbés par l'examen de plaintes multiples ; tout au moins, une telle appréciation ne se trouve pas consignée dans le rapport, le seul publié, de M. le consul Pickersgill qui, par le fait qu'il rend compte de son voyage à l'intérieur du Congo, jusqu'aux Stanley-Falls, dément cette sorte d'impossibilité, pour les agents consulaires anglais, d'apprécier de visu toute partie quelconque de leur juridiction.

Comme allégations contre le système d'administration de l'État, la note vise les impôts, la force publique et ce qu'on appelle le travail forcé.

Au fond, c'est la contribution de l'indigène du Congo aux

charges publiques que l'on critique, comme s'il existait un seul pays ou une seule colonie où l'habitant, sous une forme ou sous une autre, ne participe pas à ces charges. On ne conçoit pas un État sans ressources. Sur quel fondement légitime pourrait-on baser l'exemption de tout impôt pour les indigènes, alors qu'ils sont les premiers à bénéficier des avantages d'ordre matériel et moral introduits en Afrique ? A défaut de numéraire, il leur est demandé une contribution en travail. D'autres ont dit la nécessité, pour sauver l'Afrique de sa barbarie, d'amener le noir à la compréhension du travail, précisément par l'obligation de l'impôt : « C'est une question (celle du travail indigène) qui a attiré ma plus soigneuse attention au sujet de l'Afrique occidentale et autres colonies. A entendre l'honorable gentleman, vous penseriez presque que ce serait une bonne chose pour l'indigène de rester paresseux. Je pense que c'est une bonne chose pour lui d'être travailleur ; et, par tous les moyens en notre pouvoir, nous devons lui apprendre à travailler... Aucun peuple n'a jamais vécu dans l'histoire du monde sans travailler. Dans l'intérêt des indigènes partout dans l'Afrique, nous avons à leur enseigner à travailler. » Ainsi s'exprimait M. Chamberlain à la Chambre des Communes le 6 août 1901. Et, récemment, il disait : « Nous sommes chacun de nous imposés et imposés lourdement. Est-ce là un système de travail forcé ?... Dire que, par le fait que nous établissons une taxe sur le natif, il est en conséquence réduit à une condition de servitude et de travail forcé, est, à mon sens, absolument ridicule.... Il est parfaitement évident pour moi que les indigènes doivent contribuer en quelque mesure aux dépenses de l'administration du pays (Chambre des Communes, 19 mars 1903). Si c'est là, réellement, le dernier mot de la civilisation, si nous devons procéder dans la supposition que la condition de l'indigène ou de tout être humain quelconque est d'autant meilleure qu'elle se rapproche de celle du porc, alors je n'ai rien à dire... Je dois continuer à penser que, en tout cas, le progrès de l'indigène dans la civilisation ne sera pas assuré, aussi longtemps qu'il n'aura pas été convaincu de la nécessité et de la dignité du travail. Par conséquent, je pense que tout ce que nous pouvons raisonnablement faire, pour amener le natif à travailler, est une chose désirable. » Et il défendait le principe d'une taxe sur le natif, parce que « l'existence de la taxe est un stimulant pour lui à travailler » (Chambre des Communes, 24 mars 1903).

Aussi, l'exemple de taxes sur les indigènes se retrouve-t-il presque partout en Afrique. Au Transvaal, chaque natif paie une taxe de capitation de 2 £ ; dans l'Orange River Colony, le natif est soumis à une « poll-tax » ; dans la Southern Rhodesia, le Bechuanaland, le Basutoland, dans l'Uganda, au Natal, il est perçu une « hut-tax » ; au Cap, on trouve cette « hut-tax » et une « labour-tax » ; dans l'Afrique orientale allemande, il est également perçu un impôt sur les huttes, payable en argent, en produits ou en travail. Cette sorte d'impôt a été appliquée encore dans le Protectorat de Sierra Leone, où elle a pu être payée « en nature au moyen de riz ou de noix palmistes » et la suggestion a été faite « que le travail aux routes et travaux utiles soient acceptés au lieu de paiement en argent ou en produits ».

On voit donc que le mode de paiement de l'impôt, en argent ou en nature, n'en altère pas la légitimité, lorsque son taux n'est pas excessif. Tel est le cas au Congo, où les prestations fournies par l'indigène ne représentent pas plus de quarante heures de travail par mois. Encore est-il que ce travail est rétribué et que l'impôt payé en nature fait, en quelque sorte, l'objet d'une ristourne à l'indigène.

Partout le paiement de l'impôt est obligatoire ; son non-paiement entraîne des voies de contrainte. Les textes qui établissent les taxes sur les huttes frappent l'indigène récalcitrant de peines, telles que l'emprisonnement et le travail forcé. Au Congo non plus, l'impôt n'est pas facultatif. On a vu, ailleurs, les actes d'autorité qu'a parfois rendus nécessaires le refus des indigènes de se soumettre à la loi ; telles les difficultés à Sierra

PONTHIERVILLE, VUE DE LA TOUR — EMBOUCHURE DE LA LILU
Cliché de *La Dépêche Coloniale Illustrée.*

Leone, à propos desquelles un publiciste anglais, parlant des agents de la force publique, affirme : « Entre juillet 1894 et février 1896, pas moins de soixante-deux condamnations — que l'on admet constituer une petite proportion des délits réellement commis — furent enregistrées contre eux pour avoir fouetté, pillé et d'une manière générale, maltraité les indigènes. »

D'autres exemples pourraient être rappelés de l'opposition que rencontre chez les populations indigènes l'établissement des règles gouvernementales. Il est fatal que la civilisation se heurte à leurs instincts de sauvagerie, à leurs coutumes et pratiques barbares ; et il se conçoit qu'elles ne se plient pas, sans impatience, à un état social qui leur apparaît comme restrictif de leurs licences et de leurs excès, et qu'elles cherchent même à s'y soustraire. C'est une chose commune, en Afrique, que l'exode d'indigènes, passant d'un territoire à l'autre, dans l'espoir de trouver, de l'autre côté des frontières, une autorité moins établie ou moins forte, et de s'exonérer de toute dépendance et de toute obligation. Il se pourrait, à coup sûr, que des indigènes de l'État se soient, sous l'empire de telles considérations, déplacés vers les territoires voisins, encore qu'une sorte d'émigration sur une large échelle, comme la présente la note anglaise, n'ait jamais été signalée par les commandants des provinces frontières. Il est, au contraire, constaté, dans la région du Haut-Nil, que des natifs qui s'étaient installés en territoire britannique sont revenus sur la rive gauche, à la suite de l'établissement d'impositions nouvellement édictées par l'autorité anglaise. Si c'est, d'ailleurs, ces régions qui sont visées, les informations de la note semblent être en contradiction avec d'autres renseignements donnés, par exemple, par sir Harry Johnston : « Je puis parler de ceci avec certitude et avec énergie : c'est que depuis la frontière anglaise, près du fort George, jusque la limite de mes voyages dans le pays Mbuba de l'État Indépendant du Congo et dans toute la Semliki, les indigènes paraissaient prospères et heureux... L'extension qu'ils donnaient à la construction de leurs villages et à la culture de leurs plantations dans la région du fort Mbeni montrait qu'ils n'avaient aucune crainte des Belges. » — Le major H.-H. Gibbons, qui s'est trouvé plusieurs mois sur le Haut-Nil, écrit : « Ayant eu l'occasion de connaître plusieurs officiers et de visiter leurs stations de l'État du Congo, je suis convaincu que la conduite de ces messieurs a été bien mal interprétée par la presse. J'ai cité, comme preuve, mon expérience personnelle, qui est en opposition avec une version récemment publiée par la presse anglaise, qui les accuse de grandes cruautés. »

TRANSPORT DE MARCHANDISES ENTRE LES STANLEYFALLS ET PONTHIERVILLE
Cliché de *La Dépêche Coloniale Illustrée.*

La déclaration de juin dernier, ci-jointe, a fait justice des critiques contre la force publique de l'État, en signalant que son recrutement est réglé par la loi et qu'il n'atteint qu'un homme sur dix mille. Dire que « la méthode d'obtenir des hommes pour le service militaire n'est souvent que peu différente de celle employée antérieurement pour obtenir des esclaves », c'est méconnaître les prescriptions minutieuses édictées pour, au contraire, éviter les abus. Les levées s'opèrent dans chaque district ; les commissaires de district règlent, de commun accord avec les chefs indigènes, le mode de conscription. Les engagements volontaires et les multiples réengagements complètent aisément les effectifs qui atteignent à peine le chiffre modique de 15,000 hommes.

Ceux qui allèguent, comme le dit la note, que « les hommes composant la force armée de l'État sont, dans beaucoup de cas, recrutés parmi les tribus les plus guerrières et les plus sauvages », ignorent que la force publique est recrutée dans toutes les provinces et parmi toute la population du territoire. Les intérêts de l'État protestent contre cette notion d'une armée, que l'autorité elle-même formerait d'éléments indisciplinés et sauvages, et des exemples, tels que les excès qui ont été mis à charge des auxiliaires irréguliers utilisés dans l'Uganda, ainsi que les révoltes qui se sont produites jadis au Congo, imposent, au contraire, une circonspection spéciale pour la composition de la force armée. Les cadres européens, qui se composent d'officiers belges, italiens, suédois, norvégiens et danois, y maintiennent une sévère discipline, et l'on chercherait en vain à quelles réelles circonstances fait allusion l'assertion que les soldats « terrorisent souvent leurs propres officiers ». Elle n'est pas plus fondée que cette autre assertion, « que la cœrcition est souvent exercée par des soldats natifs irresponsables, sans contrôle d'un officier européen ». Depuis longtemps, l'autorité était consciente des dangers que présentait l'existence de postes de soldats noirs, dont le rapport de Sir D. Chalmers, sur l'insurrection à Sierra-Leone, a constaté les inévitables abus de pouvoirs. Au Congo, ils ont été graduellement supprimés.

Il apparaîtra, à ceux qui ne nient pas l'évidence, que des reproches articulés contre l'État, le plus injuste est d'avancer « qu'aucun effort n'est fait pour l'administration des natifs et que les agents du Gouvernement ne semblent pas s'occuper de cette tâche ».

On peut s'étonner de trouver semblable affirmation dans une

dépêche d'un Gouvernement, dont l'un des membres, Lord Cranborne, sous-secrétaire d'État pour les affaires étrangères, disait le 20 mai dernier:

« Il n'y a pas de doute que l'administration du Gouvernement du Congo a été marquée par un très haut degré d'une certaine sorte de développement administratif. Il y a des chemins de fer, il y a des vapeurs sur la rivière, des hôpitaux ont été établis et tous les rouages de services judiciaires et de police ont été établis. »

Un autre membre de la Chambre des Communes reconnaissait : « que l'État du Congo a fait un travail méritoire en prohibant les liqueurs alcooliques de la plus grande partie de ses territoires, qu'il a établi un certain nombre d'hôpitaux, a diminué les ravages de la variole par l'emploi du vaccin et a supprimé le commerce esclavagiste des Arabes. »

Si atténuées que soient ces appréciations, encore démentent-elles cette affirmation d'aujourd'hui, que « les indigènes sont entièrement abandonnés à eux-mêmes, en ce qui concerne toute assistance dans leur gouvernement ou leurs affaires ».

LAVEUSES AU BORD DU FLEUVE

Telles ne semblent pas être les conclusions auxquelles, déjà en 1898, arrivait le consul anglais Pickersgill. « Le bien-être de l'Africain, » se demande-t-il, « a-t-il été dûment recherché dans l'État du Congo ? » Il répond : « L'État a restreint le commerce des spiritueux... il est à peine possible de trop évaluer le service que rend ainsi l'État du Congo à ses sujets... Les guerres entre tribus ont été supprimées sur une vaste étendue, et l'établissement de l'autorité européenne étant poursuivi méthodiquement, les frontières des régions pacifiées s'agrandissent constamment... L'État doit être félicité pour la sécurité qu'il a garantie à tous ceux qui vivent à l'abri de son pavillon et ont le respect de ses lois et règlements. Hommage est aussi à rendre au Gouvernement du Congo, en raison de la diminution du cannibalisme... Le joug des fameux Arabes esclavagistes a été brisé, et le trafic d'êtres humains a été considérablement diminué parmi les indigènes eux-mêmes. »

Ce rapport constatait aussi que les travaux des natifs étaient rémunérés et rendait hommage aux efforts de l'État pour instruire les jeunes indigènes et ouvrir des écoles.

Depuis 1898, l'amélioration de la condition générale de l'indigène a encore progressé. Le portage à dos d'homme, dont précisément M. Pickersgill signalait le côté pénible pour les indigènes, a disparu, là, où il était le plus actif, en raison de la mise en exploitation des voies ferrées. Ailleurs, l'automobile est utilisée comme moyen de transport. — La « sentry », le poste de soldats nègres qu'il critiquait, non sans raison, n'existe plus. — Le bétail est introduit dans tous les districts. — Des commissions d'hygiène sont instituées. — Les écoles et les ateliers se sont multipliés. — « L'indigène, dit le document ci-joint, est mieux logé, vêtu, nourri ; il remplace ses huttes par des habitations plus résistantes et mieux appropriées aux exigences de l'hygiène ; grâce aux facilités de transport, il s'approvisionne des produits nécessaires à ses besoins nouveaux ; des ateliers lui sont ouverts, où il apprend des métiers manuels, tels que ceux de forgeron, charpentier, mécanicien, maçon ; il étend ses plantations et, à l'exemple des blancs, s'inspire des modes de culture rationnels ; les soins médicaux lui sont assurés ; il envoie ses enfants dans les colonies scolaires de l'État et aux écoles des missionnaires.»

Il est juste de reconnaître, a-t-on dit à la Chambre des Communes, que la régénération matérielle et morale de l'Afrique centrale ne peut être l'œuvre d'un jour. Les résultats obtenus jusqu'à présent sont considérables; nous chercherons à les consolider et à les accentuer malgré les entraves que l'on s'efforce de mettre à l'action de l'État, action que l'intérêt bien entendu de la civilisation serait, au contraire, de favoriser.

La note anglaise ne démontre pas que le système économique de l'État est opposé à l'Acte de Berlin. Elle ne rencontre pas les éléments de droit et de fait par lesquels l'État a justifié la conformité de ses lois foncières et de ses concessions avec les dispositions de cet Acte. Elle n'explique pas pourquoi, ni en quoi la liberté de commerce, termes dont la Conférence de Berlin s'est servie dans leur sens usuel, grammatical et économique, ne serait plus entière au Congo parce qu'il s'y trouve des propriétaires.

La note confond l'exploitation de son bien, par le propriétaire, avec le commerce. L'indigène, qui récolte pour compte du propriétaire, ne devient pas propriétaire des produits récoltés et ne peut naturellement les céder à autrui, pas plus que l'ouvrier qui extrait les produits d'une mine ne peut en frustrer le propriétaire, en en disposant lui-même. Ces règles sont de droit, et sont mises en lumière dans de multiples documents : consultations juridiques et décisions judiciaires, dont quelques-unes sont annexées. — Le Gouvernement de Sa Majesté ne conteste pas que l'État a le droit de répartir les terres domaniales entre les occupants *bona fide* et que l'indigène ne peut plus prétendre aux produits du sol, mais seulement lorsque « la terre fait l'objet de l'occupation individuelle ». La distinction est sans base juridique. Si l'État peut céder les terres, c'est que l'indigène n'en a pas la propriété, et à quel titre alors conserverait-il un droit aux produits d'un fonds dont la propriété est légitimement acquise par d'autres ? Pourrait-on soutenir, par exemple, que la Compagnie du chemin de fer du Bas Congo ou la Société du Sud-Cameroun ou l'Italian Colonial Trading Company sont tenus de tolérer le pillage par les indigènes des terres qu'elles ont reçues, parce qu'elles ne les occuperaient pas actuellement ? En fait, d'ailleurs, au Congo, l'appropriation des terres exploitées en régie ou par les compagnies concessionnaires est chose réalisée. L'État et les sociétés ont consacré à leur mise en valeur, notamment des forêts, des sommes considérables se chiffrant par millions de francs. Il n'y a donc pas de doute que dans tous les territoires du Congo, l'État exploite réellement et complètement ses propriétés, tout comme les sociétés exploitent réellement et complètement leurs concessions.

Cet état de choses existant et consolidé dans l'État Indépendant, permettrait, en ce qui le concerne, de ne point insister plus longuement sur la théorie formulée par la note et qui envisage tour à tour les droits de l'État, ceux des occupants, *bona fide,* ceux des indigènes.

Cependant, elle s'impose à l'attention des Puissances par les graves difficultés qu'elle ferait surgir si elle était implicitement acceptée.

La note contient les trois propositions suivantes:

« L'État a le droit de partager les terres de l'État parmi les occupants *bona fide.* »

« Les natifs, lorsque les terres sont ainsi partagées entre occupants *bona fide*, perdent leur droit de les parcourir et d'y recueillir les fruits naturels qu'elles produisent. »

CONSTRUCTION D'UNE HABITATION

Cliché de la *Tribune Congolaise.*

« Jusqu'à ce que les terres inoccupées soient occupées individuellement, et aussi longtemps que les produits peuvent être recueillis par l'indigène seulement, l'indigène doit être libre de disposer de ces produits comme il lui plaît. »

Il n'est pas une de ces propositions qui ne semble exclure les deux autres, et, à vrai dire, ces contradictions aboutissent à la négation du droit de concession.

S'il a existé des occupants *bona fide*, ils sont devenus propriétaires : l'occupation, lorsqu'elle trouve à s'exercer, est, dans toutes les législations, un des modes d'acquisition de la propriété, et, au Congo, les titres, en dérivant, ont été légalement enregistrés. Si la terre n'a été valablement occupée par personne, elle est sans maître ou, plus exactement, elle a l'État pour maître : il peut en disposer au profit d'un tiers, et celui-ci trouve dans cet acte de disposition un titre complet et absolu. Dans l'un, comme dans l'autre cas, il ne se conçoit pas que les fruits du sol puissent être réservés à d'autres qu'au propriétaire sous le prétexte qu'il n'est pas apte, en fait, à récolter les produits de son fonds.

Par une singulière contradiction, le système de la note dit qu'à la suite de l'attribution des terres par l'État, les indigènes « perdent leur droit de recueillir les fruits naturels », et, d'autre part, qu'ils conservent le droit de disposer de ces produits « jusqu'à ce que les terres inoccupées soient occupées individuellement ». On ne comprend pas la notion d'un droit appartenant aux natifs qui existerait ou non de par le fait de tiers. Ou bien, par suite de l'attribution des terres, ils ont perdu leurs droits, et alors ils les ont perdus totalement et complètement; ou bien, ils les ont conservés, et ils doivent les conserver, quoique « les terres soient occupées individuellement ».

Que faut-il d'ailleurs entendre dans le système de la note par occupants *bona fide* et par *occupation individuelle?* Qui sera juge du point de savoir si l'occupant a mis ses terres en état d'occupation individuelle, s'il était apte à en recueillir les produits ou si c'était encore l'indigène ? Ce serait, en tous cas, des points relevant essentiellement du droit interne.

La note, au surplus, est incomplète sur un autre point. Elle dit que là où l'exploitation ne se ferait pas encore par les ayants droit, la faculté d'exploiter devrait appartenir aux indigènes. Elle voudrait donc donner un droit aux indigènes au préjudice des gouvernements ou des concessionnaires blancs, mais n'explique pas comment ni par qui le tort ainsi causé serait compensé ou indemnisé. Quoique le système ainsi préconisé ne puisse avoir d'application dans l'État du Congo, puisqu'il ne s'y trouve plus de terres inappropriées, cette remarque s'impose dans l'intérêt des blancs établis dans le bassin conventionnel. S'il est équitable de bien traiter les noirs, il est juste de ne pas spolier les blancs, qui, dans l'intérêt de tous, doivent rester la race dirigeante.

Économiquement parlant, il serait déplorable qu'en dépit des droits régulièrement acquis par les blancs, les terres domaniales se trouvassent livrées aux indigènes, fût-ce temporairement. Ce serait le retour à leur état d'abandon de jadis, alors que les natifs les laissaient improductives, car les récoltes de caoutchouc, les plantations de café, de cacao, de tabac, etc., datent du jour où l'État en a pris lui-même l'initiative : le mouvement des exportations était insignifiant avant l'essor que lui ont donné les entreprises gouvernementales. Ce serait aussi l'inobservance certaine des mesures d'exploitation rationnelle, de plantation et de replantation auxquelles s'astreignent l'État et les sociétés concessionnaires pour assurer la conservation des richesses naturelles du pays.

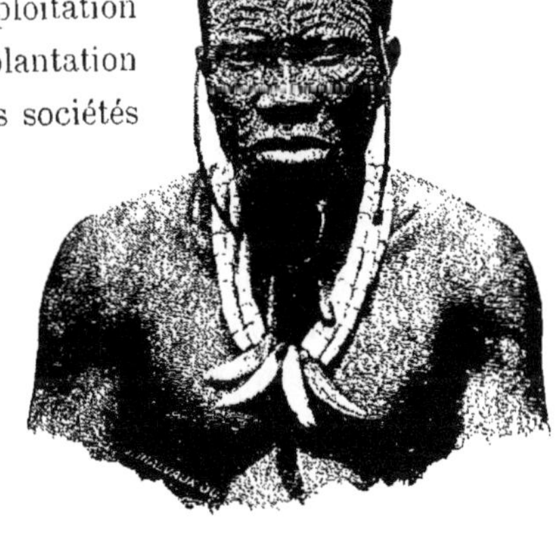
TYPE GOMBE

Jamais, au Congo, que nous sachions, les demandes d'achat des produits naturels n'ont été adressées aux légitimes propriétaires. Jusqu'ici, l'on n'a cherché à y acheter que des produits provenant de recels, et l'État, comme c'était son devoir, a fait poursuivre ces tentatives délictueuses.

La politique de l'État n'a pas, comme on l'a dit, tué le commerce ; elle l'a, au contraire, créé, et elle perpétue la matière commerciale ; c'est grâce à elle que, sur le marché commercial d'Anvers et bientôt au Congo même, — on examine la possibilité d'y établir des dépôts de vente, — peuvent être offertes annuellement à tous indistinctement, sans privilège ni monopole, 5,000 tonnes de caoutchouc récolté au Congo, alors qu'antérieurement, par exemple en 1887, l'exportation du caoutchouc se chiffrait à peine par 30 tonnes. C'est l'État qui, après avoir à ses frais créé la matière commerciale, en maintient soigneusement la source au moyen des plantations et replantations.

Il n'est pas à oublier que l'État du Congo a dû compter sur ses propres ressources. Ce fut une nécessité pour lui d'utiliser son domaine dans l'intérêt général. Toutes les recettes du domaine sont versées au Trésor, ainsi que le revenu des actions dont l'État est détenteur en raison de concessions accordées. Ce n'est même qu'en tirant tout le parti utile de ses domaines et en engageant la plus grande partie de leurs revenus qu'il a pu contracter des emprunts et provoquer à des entreprises de chemins de fer par des garanties d'intérêt, réalisant ainsi l'un des moyens les plus désirés par la Conférence de Bruxelles pour faire pénétrer la civilisation au centre de l'Afrique. Aussi n'a-t-il pas hésité à gager ses domaines dans ce but.

L'Acte de Berlin ne s'y oppose pas, car il n'a édicté aucune proscription des droits de propriété, comme on veut, après coup, le lui faire dire, tendant ainsi, consciemment ou non, à la ruine de tout le bassin conventionnel du Congo.

Il n'échappera pas non plus aux Puissances que les conclusions de la note anglaise, en suggérant une référence à la Cour de la Haye, tendent à faire considérer comme cas d'arbitrage des questions de souveraineté et d'administration intérieure

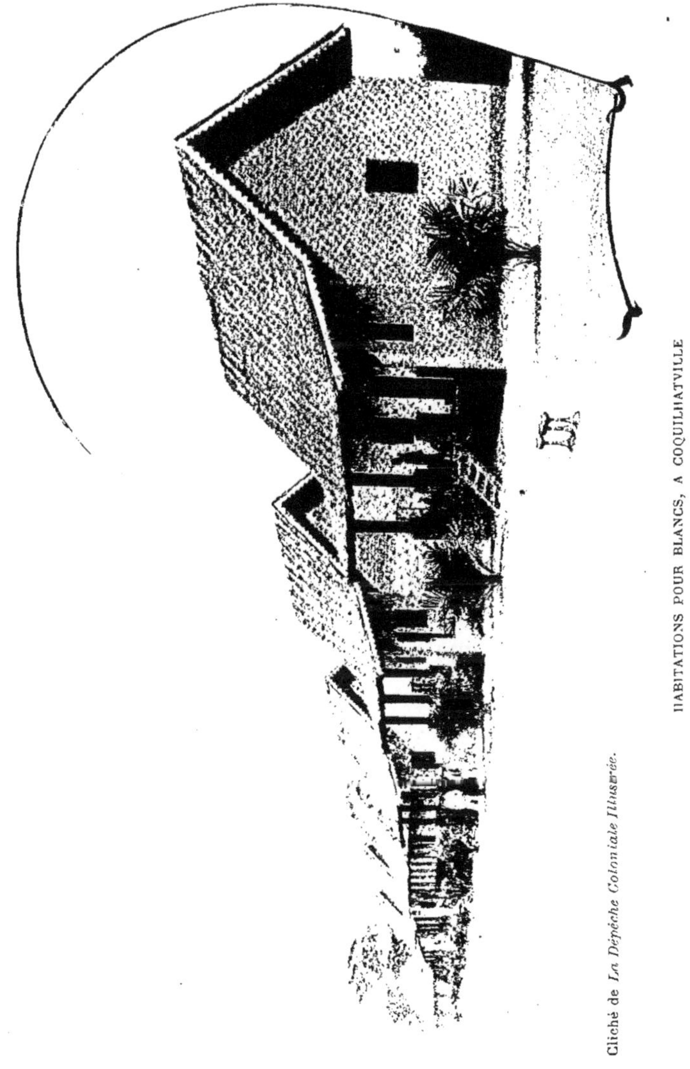

Cliché de *La Dépêche Coloniale Illustrée.*

HABITATIONS POUR BLANCS, A COQUILHATVILLE

que la doctrine courante a toujours exclues des décisions d'arbitres. Pour ce qui concerne le cas actuel, il est à supposer que la suggestion d'une référence à la Cour de la Haye a une portée générale, s'il est vrai que, de l'avis des chambres de commerce anglaises, « les principes et la pratique introduits dans l'administration des affaires du Congo français, de l'État Indépendant du Congo et des autres possessions dans le Bassin Conventionnel du Congo sont en opposition directe avec les Articles de l'Acte de Berlin de 1885 ». — Le Gouvernement de l'État n'a cessé, pour sa part, de préconiser l'arbitrage pour les dissentiments d'ordre international qui en comportaient l'application : ainsi, il voudrait voir déférées à l'arbitrage les divergences de vues qui se sont produites au sujet du bail des territoires du Bahr-el-Gazal.

Après un examen attentif de la note anglaise, le Gouvernement de l'État du Congo reste convaincu qu'en raison du vague et du manque complet de preuves, ce dont elle fait implicitement l'aveu, il n'est pas une juridiction au monde, en en supposant une qui ait compétence pour être saisie, qui puisse, bien loin de prononcer une sorte de condamnation, prendre une autre décision que celle de ne pas donner suite à de simples suppositions.

Si l'État du Congo se voit attaqué, l'Angleterre peut se dire que, plus que nulle autre nation, elle s'est trouvée, elle aussi, en butte aux attaques et aux accusations de toute espèce, et longue serait la liste des campagnes poursuivies en divers temps et jusque dans de récentes occasions contre son administration coloniale. Elle n'a certes pas échappé aux critiques que lui ont valu ses guerres multiples et sanglantes contre les populations indigènes ni aux reproches de violenter les natifs et de porter atteinte à leur liberté. Ne lui a-t-on pas fait grief de ces longues insurrections à Sierra-Leone, — de cet état d'hostilité dans la Nigérie, où tout dernièrement, d'après les journaux anglais, la répression militaire a, en une seule circonstance, coûté la vie à 700 indigènes, à la plupart de leurs chefs et au sultan, — de cette lutte qui se poursuit au Somaliland au prix du sacrifice de nombreuses vies humaines, sans que cependant il ne soit exprimé à la Chambre des Communes d'autre regret que celui du chiffre élevé des dépenses.

Alors que ces attaques adressées à l'Angleterre l'ont laissé indifférente, il y a lieu d'être surpris de la voir aujourd'hui attacher une toute autre importance à celles dirigées contre l'État du Congo.

On peut croire cependant que les préférences des indigènes de l'État du Congo demeurent acquises au Gouvernement d'une petite nation pacifique, dont les visées restent pacifiques comme a été pacifique sa création basée sur les traités conclus avec les indigènes.

Bruxelles, le 17 septembre 1903.

Chevalier de Cuvelier.

GROUPE D'INDIGÈNES

Cliché de *La Dépêche Coloniale Illustrée.*

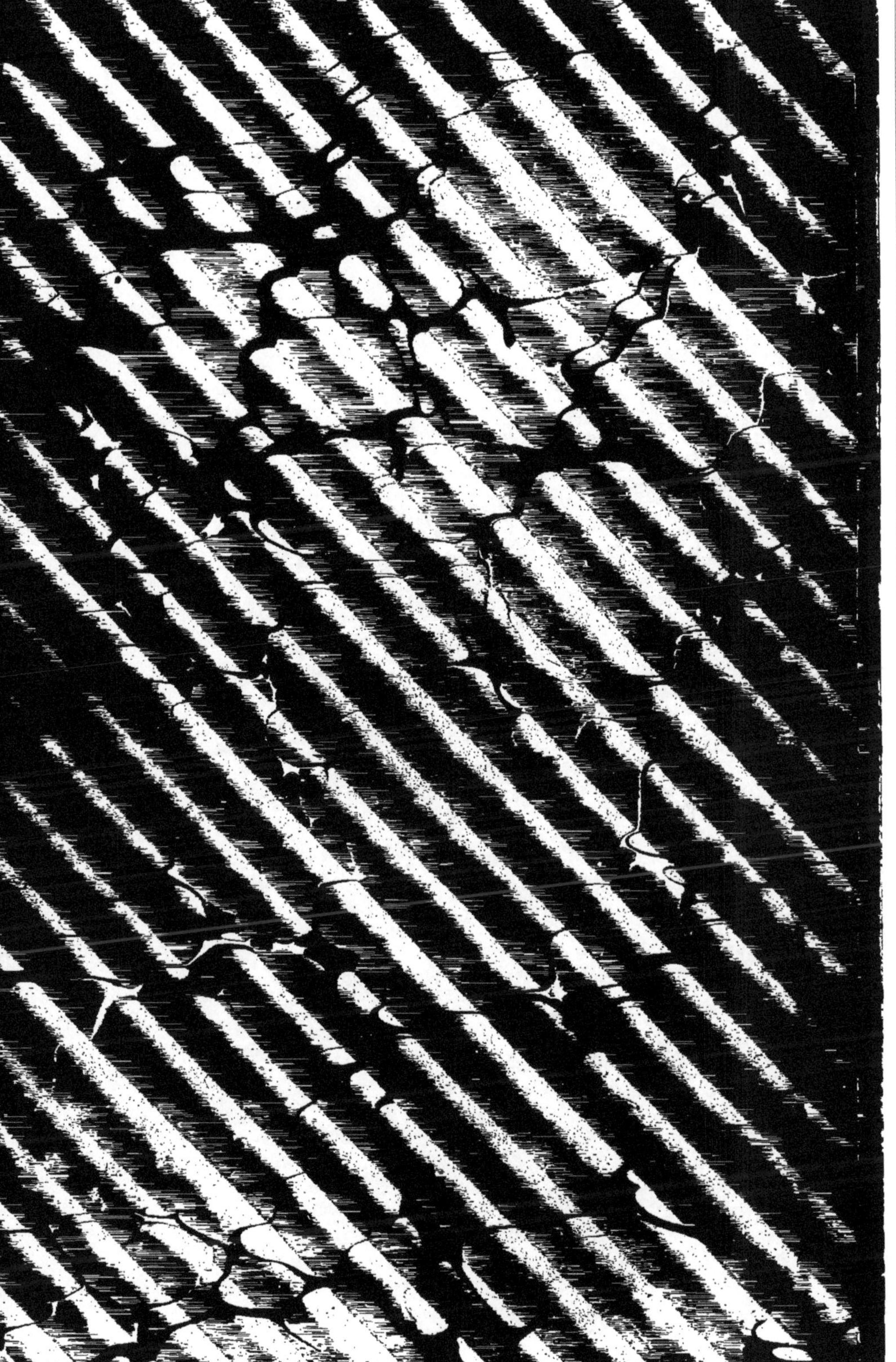

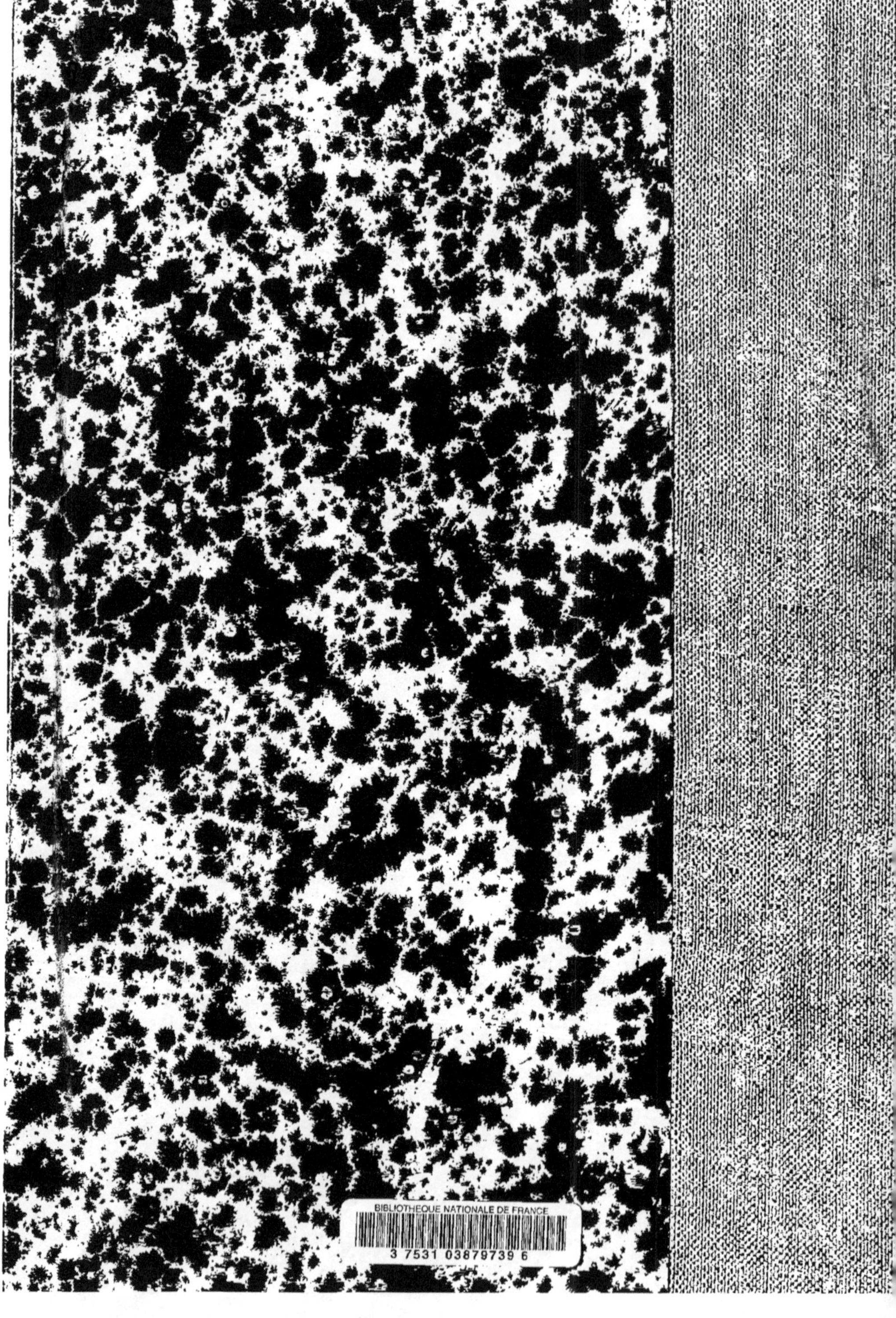
BIBLIOTHEQUE NATIONALE DE FRANCE
3 7531 03879739 6

www.ingramcontent.com/pod-product-compliance
Ingram Content Group UK Ltd.
Pitfield, Milton Keynes, MK11 3LW, UK
UKHW020110200726
13856UKWH00002B/471